企业资本运作

运营管理与市值增长

黎 刚◎著

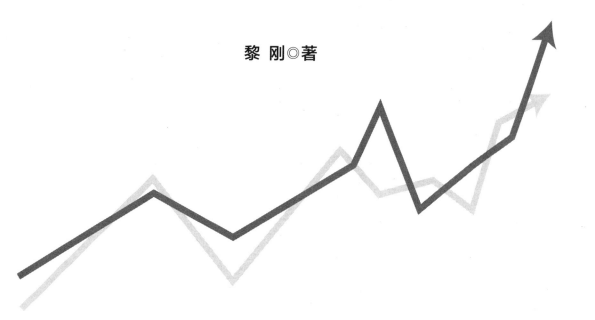

电子工业出版社·

Publishing House of Electronics Industry

北京·BEIJING

内容简介

在金融圈内，资本运作受到广泛关注，是很多人茶余饭后谈论的热门话题之一。但资本运作并不是一件容易的事，任何企业都不能掉以轻心，更不能随意操纵和控制资本。科学、合理的资本运作需要企业紧紧围绕战略目标，进行深入、系统化的思考和统筹规划。只有这样，资本运作才能顺利实施，并获得显著成效。

本书围绕资本运作展开，首先讲述了资本裂变、顶层规划、运营力建设、利润最大化、成本削减、融资方案等内容，旨在助力企业实现资本增长。随后，本书进一步总结了影响企业价值提升的关键要素，包括品牌 IP 化、股权分配、IPO 与再融资、市值管理、战略式扩张、兼并收购等。

对企业家、创业者、企业高管、有资本运作需求以及对资本运作感兴趣的人士而言，本书是一本不可多得的实战宝典，值得深入研读和学习。

图书在版编目（CIP）数据

企业资本运作 : 运营管理与市值增长 / 黎刚著 .

北京 : 电子工业出版社 , 2025. 2. -- ISBN 978-7-121

-49682-0

Ⅰ . F275.6

中国国家版本馆 CIP 数据核字第 2025LN5684 号

责任编辑：王小聪

印　　刷：三河市鑫金马印装有限公司

装　　订：三河市鑫金马印装有限公司

出版发行：电子工业出版社

　　　　　北京市海淀区万寿路 173 信箱　　邮编：100036

开　　本：720×1000　1/16　印张：15.5　　字数：217 千字

版　　次：2025 年 2 月第 1 版

印　　次：2025 年 2 月第 1 次印刷

定　　价：69.00 元

凡所购买电子工业出版社图书有缺损问题，请向购买书店调换。若书店售缺，请与本社发行部联系，联系及邮购电话：（010）88254888，88258888。

质量投诉请发邮件至 zlts@phei.com.cn，盗版侵权举报请发邮件至 dbqq@phei.com.cn。

本书咨询联系方式：（010）68161512，meidipub@phei.com.cn。

推荐序 1

当前，科技企业的成长过程与资本的关联度越来越强。根据清科研究中心的公布统计数据可知，2023 年，股市中中企的 VC/PE（风险投资或私募股权投资）渗透率为 66.9%。其中，A 股的 VC/PE 渗透率为 69.3%，科创板的 VC/PE 渗透率为 92.5%。可以说，从科技企业成立伊始，资本战略与融资就至关重要。但是大量科技企业创始人因其特殊的技术背景，并不擅长资本运作，做出了很多错误的资本决策，在很大程度上影响了企业的发展。

上市是企业发展过程中的里程碑事件，也是企业进入腾飞阶段的起点。上市公司拥有更多的品牌背书、更强的资本整合能力，其市值的高低既是企业价值和发展前景的综合体现，也是企业进行业务发展、资本扩张、战略并购、产业整合的重要工具和支付能力。

对科技企业而言，上市后如何进行科学、合理的资本运作，一方面让企业价值合理地反映在企业市值上，另一方面让企业市值为企业战略服务，这是上市科技企业实控人需要掌握的一门新的学科。

然而，国内市场缺乏关于企业资本运作方面具有实操经验的系统书籍。黎刚先生是我的挚友，他从事资本战略咨询二十余载，在一级市场和二级市场均具有丰富的经验。本书是其经验和思考的汇总，融汇了一、二级投资经验，并结合大量实操案例，为各个阶段的企业创始人提升资本运作能力提供了系统知识，非常值得一读。特此推荐。

资深风险投资人　李刚强

推荐序 2

  时代的机遇永远留给能够把握机会的人，当今时代更是如此。近年来，海外投资市场复杂多变，从 2013 年到 2020 年，中国对外直接投资的累计流量高达 11 647.4 亿美元；商务部、国家统计局和国家外汇管理局联合发布的《2022 年度中国对外直接投资统计公报》中提到，2022 年中国对外直接投资流量 1631.2 亿美元，为全球第 2 位；安永大中华区发布的《2023 年中国海外投资概览》中提到，2023 年中国对外直接投资达 1478.5 亿美元，同比增长 0.9%。种种数据表明，中国已经成为全球最大的对外投资国之一，投资遍布世界各地，尤其在亚洲、欧洲、北美等地。

  在资产资本化方面，企业在进行海外投资后，可以选择在香港交易及结算所有限公司（简称"港交所"）上市，实现资本化运作。许多企业选择在香港上市，是想借助香港国际金融中心的地位进行资金募集，实现企业结构的优化，有效提高自身的知名度。此外，香港股市与企业的海外投资之间也存在着一定的关系。香港股市能够为企业的各类投资项目提供资本化的运作平台，而企业的投资项目也能够为香港股市提供更加丰富的投资机会，二者是相辅相成、共同发展的关系。

  总之，中国的海外投资数量呈现明显的上升趋势，而香港股市作为投资项目资本化的重要平台，二者的联系越发紧密，共同推进着各类企业的发展和资本市场的繁荣。

  在这种利好的形势下，企业需要不断提升自身价值，抓住机遇，在激烈的市场竞争中脱颖而出，成为资本市场的受益者。对企业而言，上市既是其发展的目标，也是其进入新阶段的起点。企业在上市后，需要从培养资本运营能力、搭建资源对接平台、优化资源结构、推动自身改革等方面出发，进行资本运作。

资本运作是推动企业发展并持续保证市场竞争力的重要手段，对企业的意义重大，值得各个企业进行学习。然而，图书市场上与资本运作有关的具有较强实操性的书籍较为匮乏。黎刚先生作为资本行业的从业者，有着深厚的资本运作经验。黎刚先生将自身经验进行了总结归纳，并结合大量案例写成了本书。

本书的出版，为许多想系统学习资本运作的读者带来了便利。作为黎刚先生的好友，我为市场上能够出现这样一本优秀的图书而欣喜，诚邀大家共同阅读。

琢石资本合伙人　王勇

前言

多年前，一位传媒从业者为了走出"舒适圈"而出海创业，但以失败告终。在国外创业的几年，他不仅没有赚到钱，还因为投资失败而负债累累。为了"翻身"，他决定进行资本运作。

首先，他在国外创立了一家传媒公司（以下称为"X 公司"），并以 X 公司的名义与一些新媒体平台签署合作协议。按照协议，X 公司为这些新媒体平台提供视频、新闻稿、短剧等内容，回报是 X 公司每天可以在这些新媒体平台上发布几分钟的广告来宣传和推广自己。

其次，为了获得优质的内容资源，他向一家很有潜力的内容创作工作室表示出投资意向，但前提是对方每年都必须向他提供一定数量的内容产品。

做好这两项工作后，他又瞄准了一家业绩萎靡、股价低迷的上市公司，向其老板提出了一个诱人的合作方案：X 公司拥有一些新媒体平台的广告经营权，能够为其带来可观的广告收入。这一方案打动了这位老板，使其当即决定以"股票＋现金"的形式购买 X 公司 30% 的股权。

最后，他摇身一变，成为这家上市公司的股东，获得了一大笔资金。为了兑现自己的诺言，他拿出一部分资金投资之前合作的内容创作工作室，余下的资金则用于 X 公司的经营和发展。经过一番资本运作后，X 公司快速发展，收入实现了跨越式增长。

这位传媒从业者的成功故事不仅彰显了资本运作的巨大价值，更凸显了资源整合和利益平衡的重要性。在新经济时代，企业应把握时代脉搏，深入学习资本运作知识，不仅要追求财富的积累，更要注重自身价值的提升。同时，企业需要围绕用户需求制定战略，迅速捕捉市场机遇，实现知名度和影响力的双重提升。

资本运作是企业持续繁荣的关键。无论是初创期的企业，还是已具规模的企业，都离不开资本运作。它是一种具有前瞻性的战略，贯穿于企业发展的全过程，能给企业带来源源不断的财富和价值。

在资本运作日益重要的背景下，本书应运而生，它旨在为读者提供实用的资本运作知识和经验。本书的内容基于我多年的成功实践，而非空洞的理论分析和操作的沙盘推演。它将成为读者进行资本运作的指南，助力读者实现财富的积累和企业价值的提升。

管理学大师彼得·德鲁克认为，管理的本质不在于知，而在于行。本书所阐述的资本运作理念与策略，正与这一核心思想相合，它可为企业提供切实可行的指导。

在撰写本书的过程中，我始终秉持独立、客观、严谨、全面的态度，深入剖析资本运作的精髓和要义，使本书兼具科学性、实用性和可操作性。本书不预设立场，不介绍过时的知识，致力于研究和分析企业如何实现高质量增长，以及如何在新经济时代下实现持续、稳健的发展。

我衷心希望读者在阅读本书后能够对资本运作有更深入、更透彻的理解，从而更好地把握市场机遇，应对各种挑战。同时，我也期望本书成为企业进行资本运作的指路明灯，为它们照亮前行的道路，助力它们成为行业的佼佼者和领军者。

在此，特别感谢在本书写作过程中给予我帮助和支持的所有人，包括提供宝贵意见、专业知识和建议的专家和学者，以及一直陪伴在我身边的家人和朋友。他们的支持和鼓励是本书得以顺利完成的重要动力。

最后，如果本书存在任何不足之处，欢迎广大读者批评指正。

目录

上篇　让企业更有钱

第1章　资本裂变：抓住新一波资本红利 / 3

1.1　资本裂变的魅力 / 3

1.2　资本裂变离不开资本思维 / 12

1.3　成也资本，败也资本 / 18

第2章　顶层规划：运筹帷幄成就大事业 / 25

2.1　好商业模式：衍生更多新资本 / 25

2.2　好团队：企业能赚钱的重要保障 / 33

2.3　好文化：资本增长的理想环境 / 39

第3章　运营力建设：探索几何级增长秘诀 / 46

3.1　运营力始于高质量产品 / 46

3.2　与用户建立强连接 / 53

3.3　内容助力企业顺利出圈 / 59

3.4　构建全域流量体系 / 65

第4章　利润最大化：开辟财富自由新路径 / 73

4.1　把事做对，赚钱更容易 / 73

4.2　关于利润的必知定律 / 78

4.3　如何实现利润最大化 / 85

第5章　成本削减：砍掉成本才能留住钱 / 90

5.1　降成本首先要学会花钱 / 90

5.2　挖掘削减成本的空间 / 94

5.3　成本与现金流管理 / 99

第6章　融资方案：筹集到花不完的钱 / 105

6.1　常用融资模式汇总 / 105

6.2　从 0 到 1 设计融资方案 / 111

6.3　关于融资的 3 个核心问题 / 121

下篇　让企业更值钱

第 7 章　品牌 IP 化：赋予品牌超级变现力 / 127

7.1　什么是品牌 IP 化 / 127

7.2　品牌 IP 化的四维结构 / 132

7.3　如何实现品牌 IP 化 / 138

第 8 章　股权分配：优化资本利益体系 / 144

8.1　资本时代，股权为王 / 144

8.2　控制权：掌握企业的财富生命线 / 149

8.3　处理好股权，企业才更值钱 / 155

第 9 章　IPO 与再融资：精心"包装"企业 / 163

9.1　IPO 准备：机构安排与合规 / 163

9.2　选择合适的 IPO 模式 / 167

9.3　再融资：不断增加企业的财富 / 172

第 10 章　市值管理：善用螺旋桨模型 / 179

10.1　你的企业到底值多少钱 / 179

10.2　管理好市值才能有高回报 / 185

10.3　5 种主流的市值管理模式 / 192

10.4　螺旋桨模型：市值管理必备工具 / 198

第 11 章　战略式扩张：集中力量扩大规模 / 204

11.1　多元化战略 / 204

11.2　内外延伸战略 / 211

11.3　生态化建设 / 215

第 12 章　并购：资源整合助力财富梦 / 222

12.1　什么是并购 / 222

12.2　如何做好并购调查 / 228

12.3　合规化设计：并购必备协议 / 232

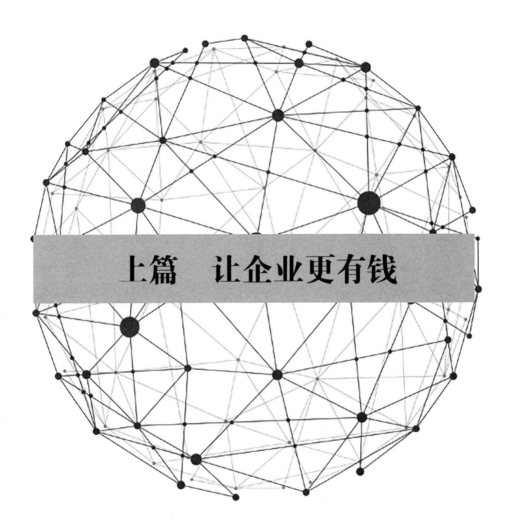

上篇　让企业更有钱

第1章
资本裂变：抓住新一波资本红利

资本裂变这一概念衍生于物理学的核裂变概念，在金融和经济领域被广泛使用。资本裂变往往伴随着技术创新和商业模式创新，它们能够促使企业快速实现业务增长和规模扩张，使企业获得更大的竞争优势，在市场中脱颖而出。

此外，资本裂变能够实现资本的快速增值和财富创造。通过有效的资本运作，企业可以实现资本的最大化增值，为投资者和员工带来更多的财富和回报。

1.1 资本裂变的魅力

在企业运营与市值增长的过程中，资本裂变扮演着至关重要的角色。简言之，资本裂变体现的是企业如何有效地运用、配置资本并促使资本增值，进而推动业务增长，提高企业的市场价值。资本裂变不是一场简单的数字游戏，而是企业战略布局、风险控制和未来增长潜力的综合体现。

1.1.1 企业的钱从哪里来

企业发展所需资本的来源是多元化的，主要来源如图 1-1 所示。

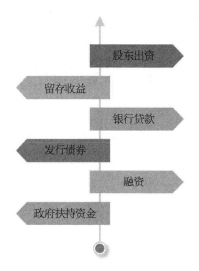

图 1-1　企业资本的主要来源

1. 股东出资

在企业设立或者增资扩股时，股东可以通过投入现金、实物资产或其他形式的财产出资。股东出资的目的是推动企业健康发展，获得更多收益。因此，股东的出资只能用于企业前期建设或经营投入，如购买办公设备、支付员工工资、注册商标、宣传推广等。

2. 留存收益

留存收益是指企业在经营过程中累积的未分配利润，也就是企业在缴纳所得税后，从净利润中留存的部分。留存收益可以作为企业内部资金的来源，用于扩大生产、研发创新、偿还债务等，也可以用于再投资，推动企业持续发展。

3. 银行贷款

企业可以通过向商业银行或其他金融机构申请贷款来获取资金，用于扩大规模、增加流动资金、满足短期资金需求。

银行贷款通常具有较低的利率和较长的还款期限，因此成为许多企业青睐的主要融资方式之一。然而，企业在申请银行贷款时需要满足一定的信用评级和担保要求，还需要承担一定的还款压力和财务风险。

4. 发行债券

通过发行债券，企业可以面向公众或特定投资者募集资金，用于经营、投资或偿还债务。债券持有人是企业的债权人，享有按期获得利息和到期收回本金的权利。

发行债券的优点在于，企业可以拥有长期稳定的资金来源，但是由于企业需要按期向债权人支付利息和到期偿还本金，因此企业面临较高的财务风险。

5. 融资

融资是指企业通过发行股票或出让一定比例的股权给投资者，从而获取资金的一种经营活动。融资的资金来源主要是投资者，他们购买企业的股票，成为企业的股东，分享企业的未来收益和利润。融资的优点在于，企业不需要定期支付利息或到期偿还本金，偿债压力较小。然而，融资可能导致企业的股权架构发生变化，影响企业的治理和决策权分配。

6. 政府扶持资金

为了支持特定行业发展、促进技术创新、鼓励出口等，政府会向企业提供某种形式的扶持资金，如补贴、奖励、贴息贷款等。这些资金可以用于企业的研发、生产、市场推广等经营活动。然而，政府扶持资金通常具有一定的申请条件和限制，企业需要符合相关政策和规定才能获得。

在不同的发展阶段，企业可以选择不同的资金获取方式，以适应其特定的资金需求和发展战略。同时，企业也需要综合考虑资金获取成本、风险控制和治理结构等因素，确保资金获取活动的合理性和可持续性。

1.1.2 影响资本裂变的要素

资本裂变能够使企业价值快速提升、规模快速扩大。在资本裂变过程中，多种要素相互作用，共同影响资本裂变的速度和效果。具体来说，影响资本裂变的要素主要有以下 7 个。

1. 技术创新

技术创新是资本裂变的核心驱动力。新技术的涌现和应用，为企业提供了全新的商业模式和发展机遇。例如，互联网、人工智能、大数据等技术的普及，为企业带来了新的增长空间和竞争优势。技术创新不仅提升了企业的生产效率，还扩大了市场规模，为资本裂变提供了强大的动力。

2. 市场需求

市场需求是影响资本裂变的一个关键要素。当市场对某种产品或服务的需求持续增长时，企业可以通过满足这一需求来实现快速扩张。企业需要密切关注市场动态，及时捕捉消费者需求的变化并调整产品策略和市场策略，以适应市场需求的变化。

3. 政策支持

政府的政策支持对企业的资本裂变具有重要影响。政府可以通过税收优惠、资金支持、产业扶持等措施，为企业创造有利的发展环境。企业应当积极了解并利用这些政策，争取更多的资源和资金支持，以推动资本裂变。

4. 资本运作能力

企业的资本运作能力是实现资本裂变的关键。企业需要通过有效的方式进行资本运作，如发行股票、发行债券、并购重组等，吸引更多的资本进入企业。同时，企业还需要合理配置和使用资金，提高资金的使用效率，以实现资本增值最大化。

5. 行业竞争格局

面对激烈的竞争，企业需要不断提升自身竞争力，通过品牌建设、差异化竞争等方式，获得更多的市场份额和资本支持，实现资本裂变。同时，企业还需要关注行业发展趋势和竞争格局的变化，及时调整战略和策略，以适应市场的变化。

6. 品牌影响力

品牌影响力在资本裂变中扮演着重要角色。一个具有强大品牌影响力的企业，更容易吸引投资者和消费者的关注和支持。通过品牌建设和品牌传播，企业可以提升自身的知名度和美誉度，为资本裂变创造有利条件。

7. 企业文化与价值观

积极向上、富有创新精神的企业文化可以激发员工的创造力和工作热情，为资本裂变提供源源不断的动力。同时，企业的价值观也会影响投资者的选择和决策，进而影响资本裂变。

综上所述，影响资本裂变的要素众多。企业需要综合考虑这些要素，制定有效的战略并高效执行，以实现资本的快速裂变和自身的快速发展。

1.1.3　撬动资本杠杆，获得更多资金

资本杠杆通常指的是企业通过债务融资、股权融资等方式，以较少的自有资金吸引较多的外部资金。这样，企业可以获得更多的资本进行运营和扩张。

通过撬动资本杠杆，企业可以利用外部资金来扩大生产规模、提升技术水平或进行其他投资活动，从而提高资本的使用效率，创造更多价值。例如，腾讯就通过撬动资本杠杆，实现了企业快速发展和资本快速增值。

在发展过程中，腾讯采取了多种措施撬动资本杠杆，如图 1-2 所示。

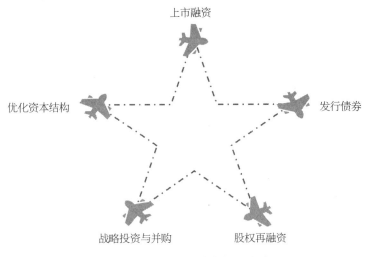

图 1-2　腾讯撬动资本杠杆的措施

1. 上市融资

腾讯于 2004 年 6 月在香港联合交易所有限公司（简称"香港联交所"）主板上市，这一举措是腾讯撬动资本杠杆的关键一步。通过上市，腾讯成功吸引了大量公众投资者，筹集到了巨额资金，为后续的发展奠定了基础。

2. 发行债券

腾讯还通过发行债券的方式筹集资金。例如，2019 年，腾讯发行了 20 亿美元的 5 年期固定和浮动利率债券，5 亿美元的 7 年期债券，30 亿美元的 10 年期债券和 5 亿美元的 30 年期债券，以支持其全球业务扩张、技术研发和投资活动等；2021 年，腾讯发行了 41.5 亿美元债券，用于一般企业用途。

相较于股权融资，债券融资的资金成本更低，因此腾讯将其作为扩大资金规模、提高财务杠杆的重要手段。

3. 股权再融资

上市后，腾讯进行了多次股权再融资，包括增发新股、配股等。这使得腾讯能够持续地以低成本获得资金，从而不断扩大业务规模和进行新的投资。

4. 战略投资与并购

腾讯利用筹集到的资金进行了大量的战略投资和并购。例如，腾讯投资了众多互联网公司和科技公司，如京东、美团、拼多多等，并通过并购来增强自身在某些领域的实力，如收购 Supercell（超级细胞）等游戏公司。这些投资和并购活动不仅扩大了腾讯的市场份额，还增强了其竞争力。

5. 优化资本结构

在发展过程中，腾讯不断优化自身的资本结构，通过调整债务和股权的比例来降低资本成本、提高财务杠杆。这使得腾讯能够在保持稳健财务状况的同时，拥有更高的盈利能力，实现更快的增长。

需要注意的是，虽然撬动资本杠杆可以为企业带来更多的资金和盈利机会，但同时也增加了企业的财务风险和负债压力。因此，企业在使用资本杠杆时需要谨慎评估风险，制定合理的财务战略和风险管理措施。

1.1.4　顺丰上市：资本裂变背后的风光与辛酸

顺丰于 1993 年诞生于广东顺德，是我国领先的物流综合服务商，能够为客户提供包括仓储管理、数据分析、销量预测等服务在内的一体化综合物流解决方案。

自成立以来，它始终秉持"时间是金"的核心理念，以高效、准时的快递服务赢得了广泛赞誉。2016 年 12 月，顺丰获得证监会批准登陆 A 股市场。2017年 2 月，顺丰以重大资产重组的方式在深圳证券交易所正式上市。

2023 年 8 月 1 日，顺丰发布公告表示，计划发行境外上市外资股（H 股）股票，并申请在香港联交所主板挂牌上市。也就是说，在 A 股上市 7 年后，顺丰计划赴港二次上市。

2023 年 8 月 21 日，顺丰正式向港交所提交上市申请书，高盛、摩根大通、华泰国际为其联席保荐人。此后，港交所批准其上市申请。2024 年 11 月 27 日，顺丰正式在港交所挂牌，成为我国快递行业首家"A+H"股上市公司。

顺丰为什么要赴港二次上市呢？主要原因有以下 2 个。

1. 资本支出居高不下

快递物流行业的业务分为两类：一类是时效快递，另一类是经济快递。顺丰是时效快递业务领域的佼佼者，在散收散派、末端服务、航空运输网等方面建立了坚固的竞争壁垒。同时，顺丰不断进行精细化运营和多元化布局，打造了"天网＋地网＋信息网"三网合一、覆盖国内外的综合物流服务网，不断完善快递、冷链、同城速运、国际货运等业务，能够为国内外客户提供优质的综合物流服务。

相关统计报告显示，截至 2023 年 3 月，顺丰是我国最大的航空货运承运商，运营着一支拥有 95 架货机的机队，其航空货运量占 2023 年第一季度我国航空货运量的 36.1%；在陆运方面，顺丰拥有亚洲最大的陆运车队，包括超过 8 万辆干线及支线货车和超过 9.6 万辆收件、末端配送车辆。

然而，顺丰成为快递物流行业的龙头企业并非一蹴而就，在内生式扩张和外延式扩张的过程中，顺丰耗费了巨大的物力和财力。例如，2017 年，顺丰与湖北省人民政府达成合作，共建以鄂州机场为核心的国际物流货运枢纽，以提升运输能力和物流中转效率；2021 年，顺丰斥资 146 亿元收购嘉里物流，将其作为拓展海外市场的主要平台，以建立以亚洲为基础的环球物流平台。

购买飞机、建设机场、购买固定资产、布局海外市场等运营动作导致顺丰的资本支出越来越高。根据招股书中的信息可知，2021 年，其资本支出超过 200 亿元，同比增长 76%。截至 2023 年 3 月，顺丰的资本支出增加至 222.95 亿元。

资本支出居高不下导致顺丰的负债规模不断扩大。2018—2022 年，顺丰的负债规模从 347 亿元飙升至 1186 亿元，资产负债率由 48% 上涨至 55%。顺丰的债务压力很大，因此它寻求在 H 股上市，以获得更多的资本支持，实现更好的发展。

2. 行业竞争加剧，亟须寻找新的增量市场

随着电商行业的快速发展，快递行业逐渐形成"一超多强"的格局，行业竞争加剧，增速逐渐放缓。例如，顺丰在中高端快递市场以及综合物流市场中具有较强的竞争优势；以仓配模式为核心的京东物流不断扩大业务范围，抢占了一部分顺丰原有的市场份额；背靠阿里巴巴平台的菜鸟网络也推出了中高端快递服务，且在逐步拓展综合物流服务，这也会抢占顺丰的部分市场份额，挤压顺丰的市场生存空间。

面对激烈的市场竞争，顺丰想要实现长期稳定发展就需要寻找新的增量市场，而"出海"是一个不二选择。

H 股市场具有天然的国际化基因，顺丰在 H 股上市具有众多好处：一是可以进一步拓宽融资渠道，吸引更多的国际资本，获得更多的资金支持；二是可以更顺利地进入全球资本市场，有助于推进国际化战略，提升国际化的品牌形象和综合竞争力；三是 H 股市场为顺丰提供了更为便利的兼并、收购渠道，H 股上市公司在兼并、收购方面具有更大的灵活性，有助于顺丰进一步扩大规模。

对于顺丰赴港二次上市，顺丰创始人王卫曾表示："顺丰最主要的目的是引入全球化资本，我们希望在未来能够用资本方式快速扩张。因为我们看到很多巨头公司都是快速扩张形成规模的，顺丰要走的路也一样，需要一个国际化的资本平台。"

顺丰的上市之路是我国物流行业实现资本裂变的缩影。从一个小型的地区性快递公司，逐渐发展成为覆盖国内外上百个国家和地区的综合性物流服务提供商，顺丰的成长伴随着资本的裂变和重组。然而，顺丰风光背后的辛酸也提醒我们，任何成功都不是轻而易举的，它需要我们付出艰辛的努力和不懈的坚持。

1.2 资本裂变离不开资本思维

资本裂变背后所蕴含的深刻逻辑和智慧与资本思维紧密相连。资本裂变不仅是一种经济活动，更是资本思维的具体体现。只有具备清晰的资本思维，企业家才能更好地理解资本裂变的内在逻辑，把握商业机遇，推动企业实现快速发展和价值最大化。

1.2.1 企业家的思维有什么特殊性

企业家是企业的掌舵者，企业家思维关乎企业的未来发展和增长。优秀企业家的思维往往具有特殊性，能够从不同的角度看问题，发现新的商业机会，创造新的产品或服务，满足市场需求，获得竞争优势。

具体来说，企业家思维的特殊性主要体现在以下 7 个方面，如图 1-3 所示。

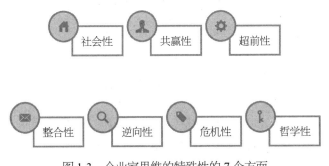

图 1-3　企业家思维的特殊性的 7 个方面

1. 社会性

管理学大师德鲁克曾表示，企业是社会的器官，任何企业得以发展，都是因为它满足了社会某一方面的需求，实现了某种特别的社会目的。企业家想要让企业长期生存下去，必须让自己真正深入到社会中，尽自己所能为社会提供价值。

为了实现企业和社会的可持续发展，联合国全球契约组织提出了 ESG（Environmental，Social and Governance，环境、社会责任和公司治理）的概念，即从环境、社会责任和公司治理 3 个维度对企业的价值与效益进行分析。这是新时代企业家必须重视的一种思维。

例如，娃哈哈创始人宗庆后就倡导 ESG 理念，提出社会责任是企业可持续发展的必要条件。多年来，他一直坚持开展节能减排技术改造，通过工艺优化实现绿色、低碳生产；他心系慈善事业，积极为有需要的地区和民众捐款；他收购各类农副产品，带动相关产业链的发展，为上百万人创造就业机会，走出了颇具特色的可持续发展之路。

对宗庆后而言，财富不仅是个人财富，更是社会资源。他曾公开表示："财富是社会的，我只是个管理者。"这种"大爱无疆"的社会责任感是所有企业家应该学习的。在企业发展到一定程度后，这种社会责任感会反哺企业，帮助企业积累更多资本。

2. 共赢性

共赢是一种商业策略和思考方式，指的是企业家在思考企业生存和发展问题时，不是孤立地从自身的利益出发，而是立足于与同行业、同地域的其他企业共同发展，从而制定合适的策略。

例如，小米创始人雷军强调与合作伙伴互利共赢，打造了小米生态链，积极寻求与供应商、渠道商等伙伴长期合作，共享发展红利。

3. 超前性

超前性思维是指企业家能够立足现在、放眼未来，其思维具有前瞻性和预见性。具备超前性思维的企业家往往具备敏锐的市场洞察力、强大的战略布局能力以及风险管理意识，能够对企业、行业和社会的发展趋势进行分析和预测，并及时采取合适的策略，确保企业实现可持续发展。

例如，微软创始人比尔·盖茨早在 20 世纪 70 年代就预见到个人计算机的普及和软件产业的巨大潜力，并果断地投身于这个领域。他的超前性思维使微软成为全球最大的计算机软件公司之一。

4. 整合性

企业家思维的整合性是指企业家在思考和决策时，能够将不同的资源、信息和思维进行整合，使其形成一个有机整体，以达到最优的效果。这种思维特性体现了企业家的全局观和系统化的思考方式。

例如，腾讯创始人马化腾就具有整合性思维。他将社交媒体、游戏、移动支付、广告、金融等多个领域整合起来，通过微信、QQ、腾讯云等产品和服务，为用户提供一站式数字生活体验。

5. 逆向性

逆向性思维是一种打破常规、挑战既定观念的思维方式。拥有逆向性思维的企业家能够从问题的反面出发，寻找新的视角和解决方案，从而发现新的市场机会，创造独特的商业模式。

例如，在我国线下教育培训机构处于"寒冬"时，俞敏洪看到了海外中文教育的巨大需求，于是运用逆向性思维，在美国开办新东方中文学校，为海外学生提供中文教育服务。这不仅有助于新东方进一步拓展海外市场，还提升了新东方在国际教育市场中的影响力和知名度。

6. 危机性

危机性思维是指企业家在企业取得成就或处于顺境时，不被成功的喜悦蒙蔽双眼，能够保持警觉，敏锐地发现潜在的风险和挑战，并及时采取有效的措施，以确保企业稳健发展。

例如，华为创始人任正非多次强调"华为的冬天"的概念，能够居安思危，积极推动华为在研发、市场拓展、人才培养等方面持续投入，使华为在市场中始终保持竞争力。

7. 哲学性

哲学性思维指的是企业家积极探索企业经营及发展规律的思维特性。拥有哲学性思维的企业家往往能够将自己管理企业的经验归纳、总结、抽象、具体化，使之上升为一套具有普遍性和规律性的哲学观念，作为指导企业经营的指导思想。

例如，海尔创始人张瑞敏将海尔的发展历程概括为"四化"，即专业化、多元化、国际化、全球化，将海尔发展壮大的规律概括为"三个关系"，即无为和有为的关系、重点突破和闭环优化的关系、"百米冲刺"和"跑马拉松"的关系。"四化"和"三个关系"是张瑞敏管理经验的凝结，具有普遍性，对其他企业也有指导意义。

成功的企业家往往具有特殊的思维方式，不受传统思维的束缚，能够发现和运用一些不被常人注意到的机会、策略等，并做出明智的决策，带领企业不断向前。

1.2.2　想创造财富，必须有发现财富的眼光

财富并非凭空而来，需要我们通过敏锐的观察和独特的洞察力去发现并把握机会。在这个充满竞争和变化的世界里，只有那些具备发现财富的眼光的人，才能在波涛汹涌的商业海洋中脱颖而出，实现财富的积累与增长。

龚虹嘉是海康威视的核心投资者和创始人之一，其发现财富的眼光是独到和犀利的，对资本市场有着敏锐的洞察。龚虹嘉在科技行业，特别是在安防领域的成功，很大程度上源于他对市场趋势的敏锐洞察和对技术创新的深刻理解。

首先，龚虹嘉非常具有前瞻性。在创立海康威视之前，他就预见到安防监控在未来社会的重要性。随着科技的进步和人们生活水平的提高，安全成为人们更

加关注的话题。龚虹嘉抓住了这一市场需求的先机，投身于安防领域，创立了海康威视。

其次，龚虹嘉对技术创新和产品研发的投入非常大。他明白，只有不断推出领先的产品和技术，才能在激烈的市场竞争中立于不败之地。因此，他投入大量资金和资源用于研发，不断推出创新的产品和解决方案，满足了客户日益增长的需求。

在投资圈，龚虹嘉有很多标签，如"投资大咖""安防教父""A股套现王"等。他明白，资本市场是企业发展的重要支撑和推动力。因此，他注重与资本市场的沟通和合作，通过资本运作和资源整合，为企业的发展提供强大的资金支持。

龚虹嘉投资的企业涉及安防、生物科技、芯片、投资管理等领域，已经上市的有海康威视、富瀚微、联合广电、泛生子、中源协和、芯原股份、清科创业等。他凭借一双发现"金矿"的眼睛获得了丰厚的回报。

除了直接投资，龚虹嘉还成立了多家投资管理企业。例如，他通过独资企业Wealth Strategy全资控股的天津富策进行了多项投资。他的妻子陈春梅和兄弟龚传军在资本市场也相当活跃。

龚虹嘉家族背后的主要投资载体是深圳嘉道谷投资管理有限公司（以下简称"嘉道谷"）以及嘉道功程股权投资基金。通过嘉道谷，龚虹嘉家族成为红杉中国、高瓴资本等众多知名机构背后的LP（有限合伙人）。

可见，想要创造财富，我们不仅要具备扎实的专业知识和丰富的实践经验，还要拥有发现财富的眼光。只有这样，我们才能在不断变化的市场环境中敏锐地捕捉到商机，从而实现财富的持续增长。

1.2.3　如何培养资本思维

资本思维的本质在于资源的优化配置，即通过调整资源和资产的时空分布与结构，实现价值的最大化。资本思维能够帮助企业家更加精准地捕捉机会、识别风险，提高企业资产配置的科学性和盈利能力，推动企业转型升级，实现可持续发展。

那么，企业家应该如何培养资本思维呢？可以从培养杠杆思维、市值思维、协同思维 3 个方面入手。

1. 杠杆思维

杠杆思维强调"以小博大、负债经营"。通过巧妙运用财务杠杆，企业能以较少的资本撬动更多的资源，实现收益最大化。但在负债经营过程中，企业家应在风险与收益之间找到最佳平衡点。例如，当某个项目的净利润高于负债成本时，可以适当增加负债，这样能在确保资金流动性的同时实现利润最大化。

例如，在房地产领域，杠杆思维被广泛应用。有些投资者通过少量的自有资金，结合银行贷款或其他融资方式，购买大量的房产或土地。随着市场价格的上涨，这些资产的价值可能会大幅增值，使投资者获得较高回报。

2. 市值思维

市值思维要求企业家跳出传统的资产净值观念，看到企业未来的盈利潜力和市场价值。一个企业的市值，不仅取决于其当前的资产和负债状况，还取决于其发展前景和盈利能力。因此，企业家应学会从市场的角度审视企业，通过合理的资本运作，提升企业的市场价值。

例如，在发展早期，亚马逊的营收水平不高，长时间处于亏损状态。但亚马逊拥有电商平台、云计算服务业务等多个增长点，投资者看到了其长期发展潜力，对其发展前景十分看好，使其市值不断攀升。

3. 协同思维

协同思维是一种更高层次的资本运作思维。它要求企业家在多元化经营的过程中，实现不同业务之间的金融资源调配和内部融资。这种思维方式有助于企业在不同的业务领域之间实现资源的优化配置，提高资金的使用效率，从而实现企业整体价值的最大化。

例如，阿里巴巴通过建立电商生态系统，将供应商、商家、消费者等各方紧密连接起来。在这个生态系统中，供应商和商家可以在阿里巴巴平台上交易，消费者可以在平台上购物，而阿里巴巴的金融服务则可以为各方提供支付、融资等解决方案。

在当今商业竞争日益激烈的背景下，企业单纯依靠传统的经营模式已难以立足。只有不断锤炼和优化资本思维，企业才能在激烈的市场竞争中脱颖而出，实现持续发展。

1.3　成也资本，败也资本

资本是企业运营的血液和动力源泉，既可以推动企业蓬勃发展，也可以成为导致企业陷入困境的罪魁祸首。通过有效的资本运作，企业可以扩大生产规模，提高生产效率，拓展市场份额，从而实现快速发展和壮大。然而，资本运作的过程伴随着巨大的风险和挑战。如果企业过度依赖资本扩张，忽视自身的经营能力和市场竞争环境，就可能导致资金链断裂、经营困难，甚至破产倒闭。

1.3.1　企业资本运作的瓶颈

资本运作是市场经济条件下社会资源配置的重要方式之一，是企业实现价值创造和成长的重要手段。然而，在现实中，许多企业面临着资本运作的瓶颈（如图 1-4 所示），发展缓慢。

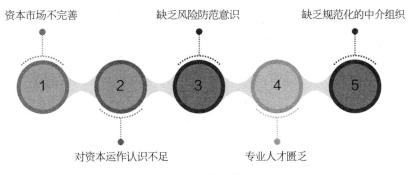

图 1-4　企业资本运作的瓶颈

1. 资本市场不完善

企业资本运作和资本市场密不可分，然而，当前，我国资本市场还不完善，仍存在一些问题。例如，资本总量少，金融产品种类较少；股票流动性差，通常依靠净现值法或原值法定价；资源配置能力低，资源配置与政府产业政策有一定的偏离。

2. 对资本运作认识不足

一些企业对资本运作存在认知上的误区，导致实际操作具有盲目性。换句话说，企业所设定的资本运作目标未能与实际的发展需求相匹配。例如，企业偏重产权资本的运作，而忽视了产业资本的重要性，从而在行业内盲目扩张，导致主营业务被边缘化；企业在资本运作过程中盲目追求多元化，涉足多个不熟悉的行业，反而使经营风险大幅提升。

3. 缺乏风险防范意识

随着我国市场经济的不断成熟和资本市场的日益完善，政府对企业兼并重组给予更大的政策支持。在这样的背景下，许多企业只看到了资本运作的优势和带来的利益，却忽视了自身管理水平的不足，风险防范意识较弱，没有充分考虑资本运作可能带来的负面影响。

4. 专业人才匮乏

资本运作是一项高度专业化的工作，需要具备丰富的金融、税务、证券、财务、管理、法律等相关知识的专业人才。这些人才不仅需要熟练掌握各种金融工具和管理方法，还需要具备市场分析、谈判以及解决复杂问题的能力。然而，现实中具备综合能力的专业人才相当稀缺，这成了企业资本运作面临的一大挑战。

5. 缺乏规范化的中介组织

我国的金融体系以借贷业务为主导，更偏向于商业银行的操作模式，缺乏专门的产权交易中介组织。中介组织在资产流动、产权转让、资产重组等过程中扮演着至关重要的角色，如果没有中介组织的参与，会导致资金流动缓慢，交易成本高。

此外，由于缺少规范化的中介组织，供需双方之间的信息流动不均衡、不透明，降低了企业资本运作的整体效率和效果。

想要突破资本运作的瓶颈，企业需要重新审视自身资本运作的方式，从多个方面入手，以创新的思维和实践来寻找解决方案。

1.3.2 创始人和资本"相爱相杀"

创始人和资本如同舞台上的主角和配角，时而携手共舞，时而剑拔弩张。创始人和资本之间复杂的关系源于创始人的理想追求与资本的逐利本性之间的矛盾。

随着企业规模不断扩大和市场环境的变化，创始人和资本之间的平衡会被打破，矛盾与冲突随之出现。在"相爱相杀"中，谁能占据上风、掌控大局，决定了企业未来的命运。

"宝万之争"是我国 A 股市场历史上规模最大的一场企业并购与反并购攻防战，涉及的主要关系方为万科集团和宝能系（以宝能集团为中心的资本集团）。

以下是这场股权之争的简要介绍。

（1）起始阶段。宝能系从 2015 年开始在二级市场上不断买入万科 A 股，持股比例逐渐增加。2015 年 7 月，宝能系第一次构成举牌，截至 7 月 10 日，其持股比例达到 5%。2015 年 7 月 24 日、8 月 26 日，宝能系再次举牌万科，合计收购了万科 15.04% 的股权。

（2）公开挑战。2015 年 12 月 17 日，万科创始人王石在内部讲话中公开挑战宝能系，指责其为"野蛮人"，并表示不会让万科成为资本的工具。这标志着万科股权之争正式进入双方正面冲突阶段。

（3）冲突加剧。随着宝能系持股比例的增加，万科股权之争愈发激烈。宝能系多次增持万科的股权，截至 2015 年 12 月 24 日，其持股比例增至 24.26%。2016 年 6 月，宝能系持股比例达 25.04%，距离控股股东地位仅一步之遥。宝能系要求罢免包括王石、郁亮在内的万科 10 名董事、2 名监事，旨在终结万科的"王石时代"，但是遭到万科的强烈反对。

（4）反击与转折。面对宝能系的步步紧逼，万科开始反击。2017 年 6 月 9 日，恒大将其持有的 14.07% 万科股权转让给深圳地铁，从而打破了"宝万之争"的僵局。此次股权转让后，深圳地铁正式成为万科的第一大股东，万科大股东易主，而王石也因此出局。

这场股权之争对万科产生了深远的影响。首先，它暴露了万科在股权结构和管理层权力分配上的问题，引发了管理者对万科治理结构的反思和改革。其次，这场股权之争加剧了资本市场对企业控制权的关注，提高了投资者对企业治理结构的重视。

总的来说，"宝万之争"是一场涉及控制权、利益、管理和文化等多个层面的复杂股权争夺战。它揭示了创始人与资本之间的复杂关系，也引发了人们对企业治理结构和资本市场行为的深入思考。

1.3.3　认清资本本质，方能立足资本市场

在经济学中，资本被定义为生产过程中的基本生产要素，如资金、厂房、设备、材料等。资本不仅是特定生产关系的体现，更是一种动态的运动过程。它历经多个阶段，每个阶段都包含循环过程的 3 种不同形式。因此，我们不能将资本简单理解为静止的物体，而应将其视为一种不断运动、发展的过程。

资本具有能创造剩余价值的特性。剩余价值源于雇佣工人的额外劳动。在资本主义社会中，资本通常以物品的形式呈现，但其本质并非物质本身。马克思在《资本论》中深入剖析了资本的本质。他指出，资本并非物质，而是一种以物质为媒介的人和人之间的社会关系，体现了资本家对工人创造的剩余价值的无偿占有。

资本的核心动机和目标是追求尽可能多的剩余价值。尽管剩余价值是工人在生产过程中创造的，但它的实现依赖流通过程。因此，资本在生产过程和流通过程的相互结合中实现价值的增长。

产业资本的运动包含购买、生产和售卖 3 个阶段，涉及生产过程和流通过程，并以货币资本、生产资本和商品资本 3 种职能形式存在。

在购买阶段，资本以货币资本的形式存在，主要职能是购买生产资料和劳动力，为剩余价值的生产创造必要的条件。在生产阶段，资本转化为生产资本，主要职能是生产剩余价值。而在售卖阶段，资本则以商品资本的形式存在，主要职能是实现预付资本价值和剩余价值。这 3 种职能形式的资本可以各自形成循环，即货币资本循环、生产资本循环和商品资本循环。

综上所述，产业资本的运动表现为资本在不同阶段和职能形式之间的转换和循环。这种运动过程不仅结合了生产过程和流通过程，还统一了 3 种循环形式。资本的运动越顺畅、快速，所占有的剩余价值就越多。

1.3.4 千万不要忽视无形资本

无形资本是指没有实物形态的可辨认非货币性资产，如专利、商标、声誉、软件、品牌等。这些资本虽然没有物质实体，但是具有经济价值和市场价值，能够使企业占据更多竞争优势，给企业带来长期经济效益。

管理学领域的一些学者认为，任何能为企业带来超额收益的无形资源都应纳入无形资本的范畴。无形资本的范围相当广泛，涵盖了企业能力、关系、技术、文化、制度、信息、权利等多个方面。

与有形资本相比，无形资本在企业运营中具有诸多优势，如垄断性、超额盈利性、资源性、长期使用性、收益递增性等。这些特性使得无形资本在企业中拥有重要价值。

首先，无形资本是提升企业价值的核心要素。在传统经济中，扩大规模和增加有形资本是提高企业价值的主要途径。然而，在知识经济时代，无形资本成为企业提升盈利能力和价值的关键。

例如，消费者对企业的信任可以助力企业迅速开拓市场，提升市场占有率；发明专利和专有技术具有独家垄断优势，能够助力企业在市场竞争中取胜，获取丰厚利润。可口可乐就是凭借其拥有的产品配方和生产工艺在市场中屹立百年而不衰。

其次，无形资本是形成企业核心竞争力的源泉。良好的品牌形象、声誉等无形资本有助于提升企业的知名度和公众认可度，增强企业的社会责任感。这种正面形象可以提高员工士气和消费者满意度，进一步巩固和提升企业的市场地位。

例如，在 ESG 方面表现突出的企业，其品牌形象更好，能获得良好的声誉，从而积累更丰富的无形资产。为了推广和践行 ESG 理念，伊利推出"双足迹"（碳足迹＋水足迹）全链减碳方案，与产业链上下游的合作伙伴共同实现绿色生产。目前，伊利已经打造了多家零碳工厂，并研发出零碳产品，其品牌形象得到很大提升。

中央广播电视总台、中国社会科学院等权威机构对伊利的 ESG 实践给予了高度评价。伊利曾经连续 4 年获得中国社科院"五星佳"可持续发展报告最高评级；MSCI（明晟）ESG 评级达到 A 级，获得 A 股乳企上市公司 MSCI 最高评级；入选"上市公司 ESG 最佳实践案例"等。

对伊利而言，这些来之不易的奖项都是其无形资本。这些无形资本虽然不会像"真金白银"那样直接、迅速地为伊利带来效益，但从长远来看，它们有助于提升伊利的品牌声誉和竞争力，是伊利稳健发展的基石。

最后，无形资本是企业筹资和对外投资的重要手段。根据我国法律的相关规定，企业可以使用土地使用权，著作权中的财产权、商标权、专利权等无形资本进行抵押获得贷款。同时，将无形资本作为对外投资的形式已成为国际惯例。在日益活跃的企业间的经济活动中，如转让、租赁、兼并、合资合作等，无形资本都扮演着重要角色，其价值得以充分体现。

2 第 2 章
顶层规划：运筹帷幄成就大事业

顶层规划原本是工程学的术语，本义为从全局出发，对各层级和各要素进行统筹设计，以集中资源，推动目标高效达成。合理的顶层规划可以帮助企业在激烈的市场竞争中保持优势，同时不断提升产品和品牌的价值。因此，企业要重视顶层规划，以战略眼光和全局思维分析和解决问题，从而在竞争激烈的市场中稳步前行，进一步提升自身竞争力。

2.1 好商业模式：衍生更多新资本

成功的企业往往有合理、科学的商业模式。好商业模式不仅为企业与用户建立稳固、良性的连接奠定了基础，更是其持续发展与壮大的核心驱动力。很多聪明的管理者都明白，好商业模式是企业实现长期可持续发展的关键，更是开拓新资本、推动业务增长的源泉。

2.1.1 好商业模式自带"聚焦"基因

在设计商业模式时，有些企业往往容易将简单的事情复杂化，误认为商业模式的复杂度等同于其完善度和竞争力。然而，在实践中，这些企业会发现，开展新业务相对容易，但对纷繁复杂的业务进行删减比较困难。只有将资源聚焦到核心业务上，企业才能在激烈的市场竞争中立于不败之地。

孟子曰："人有不为也，而后可以有为。"这个道理在企业运营中同样适用：企业只有知道在某个阶段不做什么，才能将时间与精力聚焦在更重要的事情上。如果企业能够化繁为简，战略性地放弃不必要的业务，就能实现更高效、有序的运作。

例如，德国连锁超市奥乐齐就是将自身业务化繁为简的杰出代表。奥乐齐的创立初衷是满足人们最基本的生活需要。因此，奥乐齐与其他大型超市的经营理念不同。它放弃了大多数品类，专注于经营食品及日常生活用品，且只经营少量而固定的品牌。这种经营模式帮助奥乐齐与很多优质、信誉良好的供应商建立起友好互信的合作关系，极大地降低了进货成本。

即使规模不断扩张，奥乐齐也没有偏移经营重心，在人员管理、产品包装、营销推广等方面节省了大量开支。例如，用户使用购物车需要支付 25 美分押金，用户将购物车归还原位，押金会直接退还到用户的账户中。因此，奥乐齐不需要设置管理购物车的岗位，节省了一部分人力成本。

这种想尽办法节省成本、为用户提供低价产品的经营理念与零售高质量、低价格的本质相契合。如今，奥乐齐已经从一家小小的食品店发展成为世界驰名的连锁超市，在全球范围内拥有 1 万余家分店，年销售额超过 1400 亿美元。

网约车市场争夺战也体现了商业模式聚焦的重要性。为了占据更大的市场份额，滴滴出行摒弃了一些用户不经常使用，甚至从来不使用的功能。这种做法使得滴滴出行巩固了行业地位，实现了快速增长。在获得绝对优势的情况下，滴滴出行开始进行产品优化，努力提升用户的出行体验。

聚焦型商业模式的核心是将有限的资源集中用于攻克最重要的目标。但在实施这一模式时，企业要综合考虑内部的利益矛盾及外部市场环境的变化趋势，确保决策的科学性和前瞻性。这种商业模式有极高的效能，只要企业管理者做出正确的选择，就能带领整个团队走向更为辉煌的未来。

2.1.2 识别并瞄准高利润区

很多中小企业在经营过程中会遇到很多问题，如管理流程混乱、内部分工不合理、产品开发效率低等。究其原因，就在于企业没有明确自身定位。如果企业能瞄准行业中的高利润区，以此为核心设计战略方案及商业模式，不仅能有效规避上述问题，还能在付出同等努力的情况下获得更高的回报。

一般来说，目标群体的价值越高，意味着企业能获得的利润越多，因为目标群体的收入水平与消费理念往往会对其消费行为产生影响。优秀的企业会将目标群体分层，从高消费群体入手，将其需求和偏好与自己的产品或服务相结合。

一家没有明确定位的设计公司，可以为客户提供海报设计、网页设计、户外广告设计等服务。从表面上看，这家企业似乎有很强的专业能力，可以同时涉猎很多方面。实际上，这家公司在海报设计、网页设计等低利润区投入过多，整体效益并不理想。

目前，海报设计、网页设计等市场相对饱和，而且收费水平不高。通常设计一张海报可以为公司带来大约 1000 元的收益，设计一个网页可以带来大约 5000元的收益。在大多数客户看来，海报与网页的设计并不复杂，购买这项服务很难让他们感觉物超所值。由于客户对这两项服务的价值感知不强，因此虽然公司能获得一定的收入，但无法长久留存客户。

很多客户愿意为 Logo（标志）设计投入更多资金。这是因为对客户而言，Logo 的意义更重大，其使用范围更广，使用年限也更长。由此不难发现，Logo设计属于设计行业的高利润区。

除了设计行业，还有一些行业也存在高利润区。例如，黑白激光打印机的价格在 1000 元左右，但其实需要重复添加的墨粉才是真正赚钱的业务；胶囊咖啡机不贵，但胶囊咖啡会给企业带来巨大收益；主营炒菜机器人的企业，其预期的真正效益大概率来自炒菜料理包……将墨粉、胶囊咖啡、炒菜料理包这种优质、廉价、可反复使用的产品作为切入点培养消费者，进而通过经常性收入获得利润的商业模式更有优势。

总的来看，由于各行业的投入产出比相差巨大，选择大于努力的情况比比皆是。即使是同一个行业，其各细分领域的收入也有较大的差距。究其原因，就在于各细分领域对应的利润等级不同。企业瞄准行业中的高利润区，可以减轻业务负担，创造更多收益。

2.1.3 商业模式可以更具开放性

在当今崇尚共享与协作的时代背景下，企业的商业模式也需要与时俱进，更具开放性。开放型商业模式适用于那些能够与外部合作伙伴深度配合与协同的企业，通过这种合作模式，企业可以充分发挥自身的资源和技术优势，实现价值的最大化。

封闭型商业模式与开放型商业模式有着很大不同，如表 2-1 所示。

表 2-1 封闭型商业模式与开放型商业模式的不同

封闭型商业模式	开放型商业模式
让本领域的人才为企业工作	企业和外部人才一起工作
为了从研发中获益，企业必须自己设计、生产、销售产品	外部的研发成果可以创造价值，企业内部的研发需要提升这种价值
如果企业掌握了领域内绝大多数先进的技术或者专利等资源，就会赢	企业可以不从头开始工作，坐享其成即可
如果企业创造了领域内绝大多数的好创意，就会赢	如果企业能充分地利用外部创意，就会赢
企业需要保护自己的商业模式，避免竞争对手从中获益	企业可以通过外部组织使用自己的商业模式获益。同时，只要外部组织的资源可以让企业的盈利更丰厚，那么企业就应该购买它

开放型商业模式主要分为由外而内（企业尝试引进外部提供的技术方案等）、由内而外（企业向外部输出处于闲置状态的技术或资源等）两种。

苹果公司倾向于封闭型商业模式，对软件和硬件都很重视。亚马逊和苹果公司非常相似，都是依靠自身力量，将对成本的掌控和业务执行的效率与效果做到了极致。例如，为了降低成本，亚马逊会自己负责一些不太重要的业务，而不会将这些业务交给其他企业负责。

与亚马逊和苹果公司不同，微软采用开放型商业模式。从创立初期开始，微软就瞄准软件，几乎不触碰硬件，很多时候都会把硬件相关业务外包出去。

宝洁和微软的战略相似，也采用开放型商业模式。由于扩张速度过快，宝洁的股价曾持续下跌。时任宝洁高管的雷富礼临危受命，成为新任 CEO。为了振兴宝洁，雷富礼建立了一种新型创新文化，即通过与外部合作者建立战略伙伴关系推动研发工作。

为了更好地实现战略构想，宝洁还推出了专门发布团队遇到的研发难题的互联网平台，将内部与外部的技术专家连接在一起。如果专家成功解决这些问题，就可以获得相应的奖励。这种做法不仅加快了宝洁解决问题的速度，还提升了解决方案的质量。

在开放型商业模式下，成为合作伙伴的企业往往来自不同的行业和领域，彼此会共享创意、技术、专利等资源。这样可以缩短企业研发产品的时间，提高研发效率。而且，企业允许外部组织使用自己的闲置资源，还可以获得额外收入，投资者也可以从中获利。

2.1.4　Netflix：赚钱的商业模式是什么样的

在设计商业模式方面，Netflix（奈飞公司）的做法非常值得借鉴和学习。Netflix 成立于 1997 年，是一家以 DVD 租赁业务起家的企业。相关数据显示，截至北京时间 2023 年 12 月 9 日，Netflix 的股价已经超过 450 美元，市值超过 1986 亿美元，如图 2-1 所示。

图 2-1　Netflix 的股价与市值数据

究竟是什么让 Netflix 取得如此亮眼的成绩？原因如图 2-2 所示。

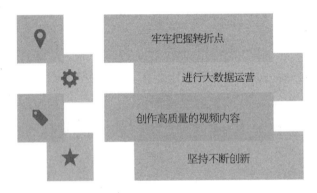

图 2-2　Netflix 取得亮眼的成绩的原因

1. 牢牢把握转折点

从 1997 年成立到现在的 20 多年里，Netflix 牢牢把握住 3 个极为重要的转折点（这里所说的"转折点"，是指新的市场态势）。当面临新的市场态势时，Netflix 会迅速确定新的商业模式，并在此基础上对业务进行调整。

1997 年，出于对成本和用户体验的考虑，Netflix 推出了邮寄包月订阅服务，打败了称霸影像租赁行业多年的对手百视达（Blockbuster）。

2006 年，随着互联网技术的兴起和逐渐成熟，Netflix 颠覆原有的商业模式，迅速抢占在线视频播放的蓝海市场。

2011 年，为了摆脱对版权方的依赖，Netflix 决定对上下游进行垂直整合，凭借自己的力量创作高质量的视频内容。

2018 年，Netflix 开始追求综合实力的提升，宣布将正式进军新闻业务，这给美国诸多传统媒体公司带来了极大压力。

2021 年，Netflix 进军游戏行业，但游戏被纳入会员体系，不单独收费，也不包含广告，主要用于扩大 Netflix 为会员提供娱乐服务的范围。

2022 年，Netflix 宣布推出广告付费计划。此举不仅可以触及更多价格敏感用户，还能扩大 Netflix 的收入来源，使其商业模式趋于多元化。

从表面上看，Netflix 进军新闻业务和游戏行业似乎与其核心业务不相关，事实并非如此。作为流媒体领域的领军企业，Netflix 始终坚持以用户为中心的发展战略，通过不断创新和拓展，为用户提供更加丰富、多样的娱乐体验。同时，Netflix 可以获得更大的回报。

2. 进行大数据运营

每个月，Netflix 都会向来自 40 多个国家的千万名会员推送超过 10 亿小时的电影内容。而且，在美国所有高峰期下行网络流量中，Netflix 所占据的比例超过 33%。如此一来，Netflix 就可以获得各种各样的数据，进行大数据运营。

在大数据技术的助力下，再结合精确的算法模型，Netflix 不仅可以为用户（包括会员和非会员）提供更好的观看体验，还可以进一步提高流媒体质量。另外，大数据也可以在内容交付领域起到一定作用。

Netflix 有一个非常出色的内容交付平台——"开放连接"。该平台的主要功能是对与 Netflix 达成合作的 ISP（互联网服务提供商）进行有效管理。ISP 可以通过两种方式享受 Netflix 的服务：一种是通过公共网络交换机直接连接到 Netflix 的服务器；另一种是依靠代理。无论哪一种方式，都有利于缩短用户与内容之间的距离。

3. 创作高质量的视频内容

《纸牌屋》是由 Netflix 创作和宣发的电视剧，一经推出就受到了广泛的关注和欢迎。在前期制作阶段，Netflix 通过用户收藏、推荐、回放、暂停、搜索等相关数据，预测出凯文·史派西、大卫·芬奇、BBC 出品这三个元素结合在一起的电视剧将会大火。于是，史派西被选定为《纸牌屋》的男主角，大卫·芬奇则是第一季的导演。

在宣发阶段，相较于传统电视网"预订—试播—全季预订—周播—续订"的模式，Netflix 采取整季预订、整季上线的全新模式，让用户在上线当天就可以连续观看内容。至此，视频内容开始成为推动 Netflix 发展的新动力。

《纸牌屋》推出以后大获成功，Netflix 决定乘胜追击，继续创作内容，推出了多部热门电视剧，如《王冠》《黑镜》《怪奇物语》《无神》《惩罚者》《心理神探》等，获得了非常丰厚的盈利。Netflix 创作的内容越多，吸引的观众就越多，获得的盈利也越多。而这意味着，Netflix 可以在内容创作领域投入更多资金。

4. 坚持不断创新

Netflix 密切关注大众的需求和痛点，不断创新。自创立之初，Netflix 就不断推动行业变革。它在大数据运营、原创内容创作等方面的卓越表现，都体现了其持续创新的精神。正是基于不断创新，Netflix 才能在竞争激烈的市场中脱颖而出，避免了被淘汰或取代。对一个企业来说，创新是保持竞争力的核心，Netflix 对此深信不疑，并在实践中不断证明。

从一个名不见经传的小租赁商店，发展成一个全球知名的媒体巨头，Netflix

的发展历程充满了传奇色彩。相较于其他媒体公司，Netflix 具有非凡的勇气。面对种种严峻挑战，它没有选择逃避或退缩，而是敢于冒险、勇往直前，最终开辟出一条成功的道路。这种不畏艰难、敢于探索的精神，正是 Netflix 能够取得辉煌成就的关键原因。

设计商业模式的本质在于，发现并满足用户需求，这个过程看似简单，实则需要不断地调整和优化。随着市场趋势的变化，商业模式也需要与时俱进。Netflix 开创的以"会员计费"为核心的商业模式，引领了行业潮流，引得各大主流视频平台竞相模仿。这种颠覆性的商业模式，不仅提升了用户体验，还为企业带来了可观的收益，充分证明了商业模式创新的重要性。

2.2　好团队：企业能赚钱的重要保障

在商业世界中，一个优秀的团队往往是企业成功的关键。一个和谐、高效、富有创新精神的团队，不仅能够激发员工的潜能，提升整体业绩，更是企业持续盈利和长远发展的坚实保障。因此，重视团队建设，打造卓越团队，应当成为每个企业不懈追求的目标。

2.2.1　建立完善的组织架构

组织架构不仅是企业为实现长远目标而在理论指导下构建的各部门和各层级之间的排列方式，更是保障企业日常运营顺畅的关键所在。在现代企业管理中，组织架构设计占据非常重要的地位，直接关系到团队的整体效率和发展方向。一个合理的组织架构能够促进团队成员之间协同合作，确保企业目标顺利实现。

一般来说，组织架构设计流程如图 2-3 所示。

图 2-3　组织架构设计流程

1. 战略对接

组织架构设计应以战略为导向，遵循"战略为先，架构随后"的原则。但是，有些企业往往忽视这一原则，导致因人设职、因人设岗等管理乱象频发，不仅会影响企业运营效率，还会导致企业发展偏离轨道。

为了确保组织架构的科学性和合理性，企业在战略对接过程中需要深入考虑以下 5 个核心问题。

（1）战略可以细化为哪些具体、可行的小目标？

（2）这些小目标通过哪些途径或策略最有可能实现？

（3）决策者在当前和未来阶段关注的重点是什么？

（4）哪些小目标的实现可以下放给基层员工，以激发其主动性和创造性？

（5）实现这些小目标需要哪些部门之间的协同合作？

通过深入分析和细致规划，企业可以确保组织架构与企业的战略目标精准对接，为企业的长远发展奠定坚实的基础。

2. 选择类型

组织架构设计的第二步是，选择组织架构的类型。常见的组织架构类型主要有中央集权制、分权制、直线式、矩阵式等。在选择组织架构类型时，企业不仅要关注当前阶段的业务需求，还要有前瞻性地思考未来可能出现的变化和挑战。通过科学分析和综合评估，企业可以选择最适合自己的组织架构类型，以确保组织的灵活性和适应性，为企业的持续发展和创新提供有力支撑。

3. 调整部门

在实现战略对接、选择好合适的组织架构后，企业接下来需要对部门进行调整。随着企业发展壮大，企业内部的职能越来越多，分工也越来越细。当职能细分到一定程度时，一个层级的管理就超出了管理限度。这时，企业需要把职能相近或者联系度高的部门整合起来，并在这些部门中挑选一个能力较强的人进行统一管理。例如，质检部门、生产部门和产品部门协调、合作频繁，企业可以将它们整合，交由一个高层管理者管理。

4. 确定职能

组织架构设计的核心流程之一是确定职能。企业需要根据组织架构，为每个部门设定清晰的任务、责任和工作内容。明确的职能为员工提供了行动纲领，是确保各部门及员工各司其职、协同合作的关键。

5. 确定层级

大多数企业的层级结构可划分为决策层、管理层、执行层和操作层。决策层人员最少，而操作层人员最多。层级与管理幅度成反比关系：层级过多会使管理幅度过小，导致信息传递受阻和沟通困难；层级过少则会使管理幅度过大，超出管理者的承载能力。

因此，为了提高组织效率，企业需要根据有效管理幅度进行推算，并结合纵向职能分工和组织架构特点，合理确定层级。在此过程中，企业要确保各层级之间的权利关系清晰，即决策层负责决策，管理层负责执行，下级对上级决策做出反应并汇报工作，上级则对下级实施监督与管理。

2.2.2 专业：优秀团队的基因

通过深入观察众多成功的企业，我们不难发现一个共同点：这些企业都拥有一支高度专业化的团队。团队成员全力以赴，高效地推动目标实现。

对企业来说，将专业人才集结成战斗力超强的团队，是一项艰巨的任务。那么，企业如何做才能打造一支高度专业化的团队呢？以下是 4 个关键点。

关键点 1：技能

技能通常可以分为三大类：一是技术性或职能性的技能；二是解决问题或做决策的技能；三是建立和维护人际关系的技能。团队要获得这些技能，应认真思考以下问题。

（1）所有技能集合起来是否可以反映团队的核心竞争力？

（2）员工是否有能力将自身技能提升至企业所期望的水平？

（3）是否存在对业绩至关重要的技能被忽视或低估的情况？

（4）员工是否愿意投入时间和精力进行自我提升或帮助其他员工成长？

（5）团队是否需要引入新的技能，以适应不断变化的市场和客户需求？

关键点 2：信任感

员工之间的信任感源于共同的目标。共同目标不仅为企业指明了发展方向，还激发了员工的向心力和凝聚力。为了建立并维护员工间的信任关系，企业要思考以下 5 个问题。

（1）团队的目标是否体现了长远的愿景和崇高的理想，从而引发了员工的共鸣？

（2）所有员工是否对目标有着清晰、一致的理解，确保步调一致？

（3）员工是否牢记目标，经常性思考、挖掘其内在含义？

（4）目标之中是否融入了企业文化？

（5）员工是否认为目标是至关重要的，并愿意为之全力以赴？

关键点 3：责任感

责任感体现了团队的凝聚力与团结度，是衡量团队专业性的重要指标。在培养员工间的责任感时，企业需要关注以下 5 个问题。

（1）员工是否愿意为实现目标承担相应的责任？

（2）员工能否根据目标完成情况，客观地评估个人的成长与进步？

（3）每位员工是否都明确自己对目标实现所担负的责任？

（4）员工能否清楚区分个人责任与团队共同责任，确保各司其职、协同合作？

（5）员工是否对团队发展前景持悲观态度，认为团队的工作"注定失败"？

关键点 4：业绩

业绩是衡量团队专业能力最直观、最关键的指标。提升团队业绩，须从以下 6 个方面着手。

（1）确立清晰的目标，明确当前的重点工作与未来的发展方向。

（2）通过技能竞赛发掘潜力员工，将其作为重点培养对象，为团队注入新活力。

（3）为员工制定明确的行为准则，确保工作高效、有序。

（4）设定短期内可实现的业绩目标与工作计划，激发团队的紧迫感与行动力。

（5）持续为员工提供新信息，激发他们的想象力和创造力，为团队注入创新动力。

（6）及时表彰业绩突出的员工，肯定他们的专业能力，树立榜样。

综上所述，打造专业能力强的团队有四个关键点：技能、信任感、责任感、业绩。如果企业重视这些关键点，并引导团队朝着共同的目标前进，就可以实现员工个人成长、团队进步和企业飞跃式发展。

2.2.3 "Z世代"向往灵活的管理方式

目前，"Z世代"（1995—2009年出生的一代人）成为职场上的主力军。作为一股充满活力和创新精神的新兴力量，他们不满足于物质激励，也不被传统且刻板的管理方式所束缚。

相较于"70后"和"80后"，"Z世代"更加关注自身能力的成长和变化，并期望了解企业是否能为他们提供实现个人价值最大化的机会。这要求企业采取更为灵活和人性化的管理方式，激发员工的自我效能和成就动机，为他们赋能，从而进一步提升整个团队的驱动力。

那么，企业应该如何为员工赋能？

第一，建立向上反馈机制，营造开放、平等的企业文化氛围。

传统的向上反馈机制是在企业内部设置"意见箱"，让员工畅所欲言；而现代化的向上反馈机制则是营造开放、平等的文化氛围，培养员工的合伙人意识和自主成长意识。企业管理者需要认真听取员工的意见和建议，看到企业运营的细微之处，保障后续变革顺利进行。

第二，适当放权，激发自我效能。

如今，为了激发员工的工作积极性和自我效能，很多企业会给员工一定的决策权，让员工更独立、自主地工作，而不需要事事请示上级。这样员工会逐渐形成独立思考、主动承担责任的可惯，以"主人翁"身份更迅速地应对突发事件。

第三，善用"授人以鱼，不如授人以渔"原则。

在发展初期，团队势必会遇到各种各样的问题，此时大家应该团结起来积极解决问题，并总结出一般性方法论。企业需要使用"拉模式"，即管理者拉着员工走，向员工传授经验和方法，指导员工独立完成工作；为员工提供相应的资源，让员工对消费者负责，而非对管理者负责。

但管理者要对员工负责，帮助他们提升效能、掌握做事的关键点。另外，如果有必要，管理者还需要充当"救火员"的角色，帮助员工弥补工作漏洞。

第四，有想法马上执行，错了及时更正。

"纸上得来终觉浅，绝知此事要躬行。"想百遍，不如做一遍。当员工有想法时，管理者要鼓励他们尽快执行，即使出现错误也不要过于纠结，及时更正就可以了。尤其在完成新任务时，员工往往需要反复试错才能找到最佳解决方案。

随着互联网的飞速发展和市场的日益开放，管理方式多元化已成为必然趋势。企业不仅要关注内部运营，更要时刻关注外部环境的变化，思考这些变化可能给团队带来的影响。企业应结合自身的实际情况和未来战略，设计出符合自身特点的管理模式，确保团队始终保持高效和创新，为企业创造更大的价值。

2.3　好文化：资本增长的理想环境

积极向上、包容开放、富有创新精神的企业文化，能够吸引并留住人才，激发员工的创造力和工作热情，从而提升企业的整体竞争力。基于这样的文化，企业能够吸引更多的投资，拓展更广阔的市场，实现可持续的资本增长。因此，构建和培育良好的企业文化，是企业实现资本增长、走向成功的关键。

2.3.1　优秀企业一定重视文化

优秀的企业往往有一个共同点：高度重视企业文化的建设。企业文化不仅是组织内部的行为准则和价值观的体现，更是塑造员工心态、驱动企业持续发展的核心力量。正如杰克·韦尔奇所说："企业文化是通用电气成功的关键。"因此，对追求卓越的企业而言，重视并精心培育企业文化是其走向成功的必由之路。

通用电气的企业文化并非仅仅停留在手册的文字描述上，而是被浓缩在一张名片大小的卡片上，如图 2-4 所示。这张卡片不仅是杰克·韦尔奇个人的随身携带之物，更是每一位通用电气员工的信仰与承诺。在长期的熏陶与沉淀下，员工与这种文化融为一体，时刻都能感受到企业所倡导的价值观和长远愿景。

图 2-4　通用电气的企业文化卡片

企业文化的构建是一个长期而持续的过程，不是一蹴而就的。企业可以遵循以下步骤打造自己的企业文化。

（1）明确并提炼企业文化的核心理念。这一理念应如同灯塔，照亮全体员工前行的道路。为了使其更具影响力和记忆点，核心理念应尽可能生动、简洁，使员工能够轻松铭记并付诸实践。

（2）将企业文化理念具象化，汇编成详尽的手册。这本手册将成为员工行为规范的参考指南，同时也是企业开展各项工作的基础准则。通过手册的形式，企业可以更加系统地向员工传达企业文化的内涵和价值观，从而加深员工对企业文化的理解和认同。

（3）创办企业内部刊物。创办企业内部刊物也是传播企业文化的重要途径。通过将企业文化融入生动的故事，并以内部刊物的形式呈现给员工，可以使其更加形象、具体地感受到企业文化的魅力。这种方式有助于更好地弘扬企业的价值观和文化理念。

（4）定期举办培训宣讲会和文化活动。通过反复的学习和培训，员工对企业文化的认同感将逐渐增强。企业可以组织多样化的活动，如演讲比赛、辩论赛、文化心得分享会等，让员工在轻松愉快的氛围中接受企业文化的熏陶，并自发地在日常工作中践行文化理念。

（5）发挥管理层的示范作用。正所谓"上行下效"，管理层的示范作用在企业文化建设中具有举足轻重的地位。管理层应以身作则，在言行举止中践行企业文化。这样员工会受到感染并效仿，从而形成强大的企业凝聚力和向心力。

然而，企业文化并非一成不变的。当企业文化初步形成后，持续的调整与规划变得至关重要。在这一过程中，企业必须坚决摒弃消极、不健康的文化元素，以免它们如"劣币"般侵蚀和破坏如"良币"般的正面文化。优秀的企业文化，应当像磁石一样，对员工产生正向的吸引力和引导作用，确保企业能够吸引并留住那些与其价值观契合的优秀人才。

2.3.2　文化落地：加强意愿＋锻炼能力

很多时候，文化无法落地的一个很重要的原因是意愿不足。例如，有些员工经常会在心里抱怨："凭什么我要承担传播文化的责任？"还有些员工认为传播文化是本职工作以外的"工作"，只要随便应付一下就好。想要消除这种不正确的思想，企业应该让各部门联动起来，使员工充分理解传播文化的价值与意义。

在员工有了传播文化的意愿后，后续工作的开展就会比较顺利。那么，如何才能让员工建立这种意愿呢？

方法 1：赋予员工身份荣誉感

传播文化的核心目的是凝聚组织的力量，为企业创造更大价值。为达到这一目的，企业要引导员工认可文化的重要性，让他们在传播文化的过程中体会到自己的价值。例如，在提拔人才时，企业可以组织竞聘活动。这样一方面可以激发员工对文化的关注，另一方面可以赋予员工强烈的荣誉感和自豪感。企业也可以为积极传播文化的员工设置相应的权益，如专项补贴、升职优先权、加薪优先权等。

方法 2：借助考核激发员工的责任感

企业应该让员工意识到传播文化不是一项额外的工作，而是每位员工都应该承担的义务和责任。因此，只为员工提供"软"权益是不够的，"硬"考核也不可或缺。考核可以确保员工维持传播文化的热情和意愿，有利于加速文化落地。

企业可以通过以下 2 种方式对员工进行考核。

（1）达标式考核。这种考核方式的核心是制定考核标准，包括文化传播渠道是否合理、文化制度是否建立、员工对文化的理解是否到位、文化体系是否完善等。通过这一考核，企业可以系统地评估员工在传播文化过程中的表现，确保各项工作符合既定的标准，从而推动文化的有效传播和落地。

（2）关键工作考核。这种考核方式主要解决员工"是否付诸行动"的问题，包括重点文化活动的参与度、文化推广工作的执行情况、文化知识竞赛的参与情况等。通过这一考核，企业能够清晰地了解员工在文化传播方面的实际行动和贡献。

方法 3：奖励为主，惩罚为辅

奖励与惩罚是相辅相成的，目的是让员工重视考核。但企业应以"奖励为主，惩罚为辅"，建立文化工作评优奖励机制。肯定优秀员工的业绩，让他们分享文化传播经验，激励其他员工积极传播文化，从而点燃整个团队的工作热情和积极性。

在员工有了传播和践行文化的意愿后，接下来的关键就是提升他们的能力。毕竟，要让文化真正地在企业内部落地，光靠"一腔热血"是远远不够的。

事实上，在传播文化的过程中，很多员工可能会有这样的困惑——"我应该怎么做？"对此，企业可以通过提炼文化内容和开展培训为员工赋能。

1. 提炼可视化、标准化的文化内容

企业需要从大量文化工作中提炼可视化、标准化的文化内容，并对其进行细致的分析和梳理，包括文化活动运营方法与步骤、品牌标志使用规范、物料摆放方式等。将这些文化内容汇编成《文化工作指导手册》发放给员工，可以帮助员工深入理解文化。

2. 精准培训为主，分派任务为辅

在推进文化工作的过程中，分派任务虽然重要，但借助培训让员工学习传播文化的方法和技巧、提升他们的能力更为关键。企业可以开展系列培训课程，涵盖文化认知的培养、文化落地模型的解析以及文化推广文案的撰写技巧等，从而提升员工在文化传播方面的专业素养。

瑞士心理学家卡尔·古斯塔夫·荣格曾经提出一个概念——"集体无意识"，指的是无数同类经验在某一群体全体成员心中形成的沉淀物。文化作为企业的沉淀物，具有传承的力量，因为其背后有着稳固的结构，可以支撑"集体无意识"的实现。如果企业能够将有意识的文化传播转化为无意识的文化传承，就相当于有了强健的"筋骨"和发达的"肌肉"，竞争力必然能大幅提升。

2.3.3 建立淘汰机制，让员工有危机感

企业凭借具有竞争力的薪酬、优厚的福利和独特的文化吸引人才，推动业务蓬勃发展，确保各项工作顺利推进。然而，员工是否能够胜任工作呢？这就需要通过考核机制来判断。根据考核结果，企业可以筛出那些达不到岗位要求的员工并将其淘汰，从而保证整个团队始终保持较强的战斗力。

为了确保员工淘汰的科学性和公正性，企业应当建立完善的淘汰机制。淘汰机制是一种高效的考核机制，核心是"能者上，平者让，庸者下"。它给员工带来压力，促使员工积极努力工作，进而提高企业的整体竞争力。

在现代企业管理制度中，淘汰机制是一种相对公平的考核方式，为员工提供了一个展示实力和才能的广阔舞台。这一制度是鼓励员工全力以赴、发挥所长的动力源泉，使学历、工龄等背景因素不再成为他们晋升的绊脚石。此外，淘汰的形式并非仅限于解雇，还包括降职、轮岗等。

建立淘汰机制的初衷并非为了为难员工，而是旨在激发员工的潜力，提升企业的整体竞争力。定期考核通常以月为单位，企业可以全面评估员工的表现，确保考核结果的客观性和公正性。值得注意的是，某个月份的考核结果不足以全面评价一个员工的整体表现。因此，在实施淘汰机制时，企业需要综合考虑员工在过去一段时间内的综合表现，避免片面评价导致的不公平现象。

如今，国内很多知名企业都已经实行淘汰机制，这也是它们能一直在各自领域中保持较强竞争力的原因之一。建立淘汰机制还需要有一定的前提条件，即建立在合理、公平的考核方法上。具体来说，有以下3种方法。

（1）MBO（目标管理）考核法：将考核标准设定为一个个目标，以被考核员工能否在考核期内达成目标作为考核依据。MBO考核法最大的特点在于，员工可以参与目标的制定，有利于激发员工的自我管理能力，激励其努力向前。

（2）行为锚定考核法：以文字的方式拟定员工的行为标准，考核人员依此

逐条检验员工的表现。行为锚定考核法的流程包括获取关键事件、建立绩效评价等级、重新分配关键事件、对关键事件进行评定、建立最终的绩效评价体系。

（3）平衡计分卡：从财务、客户、内部运营、学习发展 4 个方面入手，将企业的战略目标拆分为具体的业绩指标，对员工进行考核。考核人员要利用多种信息传输渠道与手段，如宣传栏、电视、广播等，在员工中广泛传播这些指标，让员工了解企业的愿景和战略。

构建合理、公平的考核体系，需要企业管理者具备全局性的视野，深入理解企业的整体发展战略和长远需求。同时，企业管理者需要具备客观、理性的认识，能够采取合理的方式处理问题。此外，企业管理者还需要了解人力资源管理领域的知识和技能。只有将理论与实践紧密结合，才能确保考核方法发挥最大的效用，从而使淘汰机制的实施更为精准、有效。

3 第 3 章
运营力建设：探索几何级增长秘诀

如今，市场充满了不确定性，企业面临着前所未有的挑战。在此背景下，企业应该如何突破困境，实现逆风翻盘呢？答案是重视并持续提升运营力。

3.1 运营力始于高质量产品

产品是企业成长的引擎，是推动企业持续前行的核心动力。想要在市场中立足，企业必须拥有一款能够吸引用户、引发市场热潮的产品。为此，企业应以研究的心态深入探索，冲破传统经验的束缚，深入挖掘用户的真实需求与消费动机。同时，持续收集并分析用户的反馈信息，以指导产品的不断迭代和优化。

3.1.1 开发极致单品，抢占市场

在资源有限的情况下，许多企业在产品研发与推广上面临选择困境。此时，一个明智的策略是：聚焦并打磨一款核心产品，力求将其做到极致。通过这款极致单品，企业可以在市场中树立独特的品牌形象，吸引消费者的目光，进而为企业的长远发展奠定坚实基础。

以苹果公司为例，在我国的手机市场上，苹果公司推出的 iPhone 系列手机

被市场和用户广泛认可，每年苹果公司的新品发布会都会引起强烈反响。事实上，苹果公司的新品不仅有手机，还有个人电脑（Mac）、平板电脑（iPad）、智能手表（Apple Watch）等。虽然这些新品也同样受人关注，但其关注度明显不如手机。这就是极致单品的强大力量。

专注于电池单品的宁德时代也很有代表性。宁德时代是全球领先的新能源创新科技公司，在电池材料、电池系统、电池回收等领域有核心技术优势及前瞻性研发布局，致力于电池的研发、生产及销售，希望可以为全球新能源应用提供完善的解决方案。

宁德时代开发了动力电池和储能电池。其中，动力电池包括电芯、模组 / 电箱与电池包，其应用领域涵盖新能源乘用车、新能源商用车，以及其他新能源出行工具等；储能电池包括电芯、模组 / 电箱与电池柜等，可应用于发电、输配电、用电等领域。

电池作为新能源汽车的核心部件，未来有广阔的增长空间，其出货量也将迈入 TWh（亿千瓦时）时代。宁德时代敏锐地捕捉到了汽车行业新能源化的趋势，并据此制定了独特的电池单品策略。这一策略不仅使宁德时代充分享受到了市场增长的红利，还使其在电池领域脱颖而出，成为行业的佼佼者。

很多人对极致单品的认识不够准确。例如，有些人认为独特的、经典的、个性化的、经过反复打磨的产品就是极致单品。事实上，真正意义上的极致单品不仅要有上述特点，还要能够在短时间内创造超出预期的销量，并在后续的销售过程中持续保持强劲的势头。

苹果公司、宁德时代等的成功案例表明，运用极致单品策略打造现象级产品是可行的。这种策略不仅有助于产品在激烈的市场竞争中脱颖而出，成为行业内的爆品，还能为企业塑造出鲜明的品牌形象，从而在市场和口碑上实现双赢。

3.1.2 围绕需求思维做产品

产品研发离不开对用户需求的挖掘。但面对各种各样的需求，企业不能盲目地一概接受。如果企业没有对需求进行深入分析，就盲目地设计和开发产品，最终结果很可能是"偷鸡不成蚀把米"。

需求分析的核心可以总结为 3 个关键点——"辨""问""量"。

"辨"指的是精准识别用户的需求，即深入了解用户的真实想法和期望，并将其转化为具体的产品特性。这个过程的重点在于找到用户的本质需求，这样企业才能知道用户真正需要什么，为产品设计提供相应的依据。

企业可以通过大量的市场调研来挖掘用户的需求，企业的竞争战略、产品开发目标、营销模式、产品未来规划等都源自市场调研。市场调研不仅能帮助企业找到用户的真实需求，还能为企业的决策提供反馈和修正建议，从而确保推出的产品和服务更加贴近用户的实际需求。

例如，通过市场调研，鸿星尔克根据当下年轻群体的需求，在设计上大胆创新，及时转变品牌理念与定位，致力于树立"年轻、时尚、阳光"的品牌形象。为了吸引更多年轻群体，鸿星尔克推出了"燃系列""电池熊猫系列""色彩博物馆系列""中国卫衣系列"和"IP 联名系列"产品。其中，"电池熊猫系列"以"熙来攘往，如登春台"的成都地标春熙路与熊猫元素为灵感，抓住年轻群体对街头文化、环保着装的喜爱和追求。

"问"是思考用户的潜在动机，了解用户希望企业为其提供的产品。当企业找到了用户的需求时，下一项工作不是直接思考"怎么做"，而是弄清楚"为什么做"。在这个过程中，企业首先要找到用户的目的和动机（Why），然后再思考应该采取什么措施（How）。企业在不明确用户需求的情况下贸然地设计产品，无疑是在浪费时间和资源。

想要知道"为什么做"和"怎么做"，企业需要明确在特定的场景中用户遇到了什么问题，以及问题的本质是什么。这就要求企业必须多听、多思考、多观察、多体验，及时收集用户的反馈意见，了解用户使用产品的感受，从而发现最关键的问题。一旦发现了问题，企业就可以有针对性地设计产品，帮助用户解决问题。

"量"是衡量需求，即剔除没有价值的需求。这里所说的"价值"包括用户价值与商业价值。其中，用户价值指的是产品能够满足用户的什么需求，通常与需求的广度、频率、紧急程度有关；商业价值指的是需求被满足后，能否带来用户黏性的增强、产品市场份额的提升，以及营收和利润的增长。商业价值以用户价值为基础，只有用户的问题得到妥善解决，商业价值才能提升。

在新经济时代，企业之间的竞争本质上是用户的竞争。但一味地考虑用户需求也是行不通的，如果企业只有用户价值而没有商业价值，则难以长久生存。比较好的做法是在用户价值与商业价值之间找到一个平衡点，在为用户解决问题的同时也能持续创造巨大的商业价值。

另外，企业还要评估需求的实现成本和可行性。需求的实现成本包括人力成本、时间成本、运营成本、沟通成本等；可行性则是从经济、业务流程等方面入手，分析企业是否应该在设计产品时将某个需求考虑在内。

如果某个需求低频、小众，实现成本非常高，商业价值比较低，那么即使企业突破了研发瓶颈，打通了业务链条，最终满足了用户的这一需求，也很难产生很好的市场反响。这不仅是对资源的极大浪费，还会影响企业的市场地位。

你可能听说过这样一句话："上医医国，中医医人，下医医病。"这句话在需求分析方面也适用。具体而言，上层的需求分析关注人性，中层的需求分析关注产品如何满足用户需求，下层的需求分析则关注产品的功能、用途等。

归根结底，需求分析是对人性的理解和探索。只要企业遵循"辨、问、量"的原则，对需求进行评估，就能确保需求分析的有效性，从而更好地指导产品设计、开发。

3.1.3 产品创新：迭代是永恒主题

用户的需求不是一成不变的，用户经常出现新需求。因此，一款真正优秀的产品并非从无到有的创造，而是从有到精的迭代。想要让用户持续使用产品，甚至把产品推荐给他人，企业就要对产品进行迭代，以满足用户日益增长的个性化需求。

产品迭代的本质是对某些功能进行调整和创新，使其更加符合市场潮流和用户的期望。这在帮助企业吸引新的用户群体的同时，还可以留住现有用户，创造更多收益。在进行产品迭代时，企业应坚持以用户为中心，聚焦用户痛点，从而引发口碑效应，提升品牌影响力。在营销界，比较常用的产品迭代策略有以下5种，如图3-1所示。

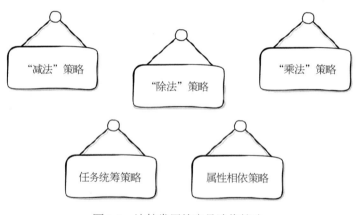

图 3-1 比较常用的产品迭代策略

"减法"策略指的是剔除产品中的某个或某些微小元素，在保留核心元素的基础上对产品进行迭代。例如，很多设计师在设计第二版产品时，都会刻意地追求简洁、大方。他们会把第一版产品中那些没有价值的元素剔除，致力于向用户呈现产品最根本的价值。

"除法"策略也可称作分解策略，即先把产品分解为多个元素，然后再对某个或某些微小元素进行调整和优化。例如，苹果公司的 Apple Pencil（苹果智能触控笔）采用的迭代策略就是对 iPad 做"除法"。苹果公司发现人们使用 iPad 写字、绘画不够便捷，于是将 iPad 的手写功能单独提炼出来，开发出更便于人们使用的 Apple Pencil。

"乘法"策略旨在将产品中某个或某些微小的元素进行复制，从而使产品具备一些新特质。例如，鸿星尔克旗下的产品——绝尘 Pro 采用升级版双层"烎科技"，是一款专业的竞速跑鞋。与第一代绝尘系列产品相比，绝尘 Pro 的前掌厚度由 20.5 毫米增加到 22.5 毫米，后跟厚度则由 30.5 毫米增加到 31.5 毫米，回弹性能达到 75%。正是因为做了这样的调整，绝尘 Pro 可以很好地缓解跑步过程中双脚对膝关节产生的强大冲击力，即使是马拉松运动员，也可以穿着它毫无压力地完成比赛。

任务统筹策略旨在将产品已有的功能与内外部资源进行整合，以创造出全新的价值。以运动鞋为例，众多领先企业已经将碳纤维复合材料等尖端材料融入其设计之中。这些高性能材料不仅赋予了运动鞋出色的刚度和舒适度，更在减轻重量的同时，实现了生产规模的灵活适配。这不仅提升了产品的核心价值，更为企业带来了丰厚的附加价值。

属性相依策略旨在将产品设计的各元素相关联，从而开发新的功能和价值。例如，有些鞋子的鞋跟是可以拆卸的，女性用户可以根据自己的需求选择安装低跟、中跟或者高跟，从而更好地适应各种各样的生活与工作场景。很多产品都具备两种以上的属性，这些属性看似毫无关系，但只要被很好地整合在一起，就很可能激发出创新的火花，给企业带来意想不到的收益。

迭代是引爆口碑和销量的重要途径，围绕用户价值链进行产品迭代更容易产生颠覆性的创新效果。可以说，迭代已经成为企业需要长期执行的重要策略，对于企业的持续发展和成功具有重要的意义。

3.1.4　元气森林的爆品打造秘籍

在炎热的夏天，一款清凉、解暑的饮料会受到人们的追捧，但高热量会让人们有所顾虑。为了消除这种顾虑，一些低糖、低脂、低卡的饮料应运而生。元气森林就是其中的佼佼者，吸引了一大批追求健康的年轻用户。

从 2016 年成立至 2021 年，短短几年的时间，元气森林的估值便达到上百亿美元，甚至还打造出了年销量超过 10 亿元的爆品。

那么，元气森林究竟是如何取得如此亮眼的成绩的？我们可以从以下 3 个方面进行分析。

1. 瞄准低糖饮料赛道，抢占细分领域

元气森林以"低糖"为卖点，精准捕捉到用户想喝饮料但又怕胖的心理，在饮料市场中迅速走红。元气森林使用了赤藓糖醇等非糖甜味剂，不仅让饮料的甜味非常自然，还不会影响人体内的葡萄糖和胰岛素水平。元气森林满足了人们对口感好、健康的饮品的需求，与竞品实现了有效区隔。

2. 坚持把产品打磨到极致

在原料选择上，元气森林在全球范围内寻找优质原产地，并以业内最高标准对原料进行严格检测。为了提高产品的质量和口感，元气森林精准控制萃茶时间、现场温度等，并且对产品进行上千次调配和口味测试。

3. 多角度探索营销新路径

在营销上，元气森林展现出强大的创新能力。例如，元气森林紧跟时代潮流，与小红书、微博、抖音、快手等社交平台上的网红博主合作，让这些博主试喝产品并推荐，推动销量实现爆发式增长，获得了大量流量。

另外，元气森林还进军影视圈，在纪录片《人生一串》《生活如沸》，以及综艺节目《运动吧少年》《我们的乐队》《乘风破浪的姐姐》中频繁亮相。这样

不仅可以在增加曝光度的同时挖掘出一大批潜在用户，还可以通过构建贴近生活的场景为用户营造极致体验。

在直播带货领域，元气森林也取得了非常不错的成绩。例如，在某直播间，15 万瓶元气森林乳茶被迅速抢光，当时还登上了微博热搜榜。

为了吸引更多用户购买产品，持续扩大品牌声量，元气森林在主攻线上渠道的同时，也没有放弃电梯广告、海报等线下渠道。例如，分众传媒作为电梯营销界的佼佼者，为元气森林提供了丰富、多元化的可嵌入场景，助力元气森林打造出更精准、更高效的线下媒体矩阵。

元气森林的爆品打造策略为众多企业提供了宝贵的经验和启示，但盲目模仿并非明智之举。想要真正实现策略的成功，企业需要深入挖掘元气森林案例中的成功经验，并结合自身的实际情况进行有针对性的调整和优化。只有这样，企业才能确保策略的有效实施，获得更好的业绩和发展前景。

3.2　与用户建立强连接

如今，虽然很多企业对自己的产品满怀信心，但真正了解用户，明白"应该将产品卖给谁"的企业寥寥无几。为了实现持续、稳定的运营，深入了解用户并与他们建立强连接显得尤为重要。

3.2.1　定位：找到核心受众

电影《阿甘正传》里有这样一段话："我不觉得人的心智成熟是越来越宽容，什么都可以接受。相反，我觉得那应该是一个逐渐剔除的过程，知道自己最重要的是什么，知道不重要的东西是什么。而后，做一个简单的人。"这段话和企业找到自身的市场定位有着相同的底层逻辑。

市场定位也被称为竞争性定位或第一定位，其核心在于"做减法"，找到核心受众，通过精准满足他们的需求来稳固市场地位，并为潜在竞争者设置一定的进入壁垒。这与苹果公司创始人乔布斯所倡导的极简主义理念不谋而合，都强调在繁杂中寻求简洁与高效。

但仅仅关注核心受众的表面需求是远远不够的，企业还需要深入挖掘这些受众更深层次的信息。

（1）画像及态度。通过了解核心受众的性别、年龄、所处城市、收入等人口学特征，以及生活态度、价值观、品牌观等精神特征，企业可以立体、真实地还原核心受众，从而制定更精准的营销方案。

某企业曾经对直播间的观众进行分析，结果发现：从性别维度看，男性观众占比为 67%，女性观众占比为 23%；从年龄维度看，25～35 岁的观众占比为 56%；从城市维度看，来自郑州、西安、上海、北京的观众占比较大。根据分析结果，该企业可以了解直播间都有哪些受众，然后按照他们的需求和偏好为他们推荐产品或设计优惠活动。

（2）社交特征。通过了解核心受众偏好的社交渠道、沟通方式或内容、互动习惯等，企业可以找到最有效的营销渠道和传播策略。

（3）产品使用行为。企业应该了解核心受众使用产品的场景、对产品的需求、使用产品的频率，并分析产品是否满足其需求和痛点。

（4）品牌态度。通过了解核心受众对品牌的认可度、喜爱度、感知度等，企业可以了解自己在品牌影响力方面与竞争对手的差距，并从中提炼出核心利益点。

上述要素可以作为市场定位的指导思路，引领企业紧紧围绕市场定位深入发展，为用户带来更好的产品使用体验。但市场环境快速变化，企业需要通过不断变革来保持竞争力，而市场再定位就是实现变革的一种有效手段。

市场再定位通常基于以下 2 种情况。

（1）之前的市场定位有误。例如，某企业在发展初期因为对出货量预估过高、扩张速度过快而面临严重的库存积压问题。后来，该企业调整战略，渗透到县级、地级市场，在下沉市场中占据了更大的市场份额，最终跻身行业前列。

（2）竞争环境发生变化，竞品和势头强劲的新品牌不断涌现，削弱了企业的优势和竞争力。在这种情况下，如果企业不重新进行市场定位，就会在竞争中处于被动地位。

市场定位绝非纸上谈兵，而是需要深入接触核心受众，洞察他们的需求。

3.2.2　打造用户生命模型，多阶段触达

互联网发展到今天，人口红利已经基本耗尽，存量时代悄然来临，用户生命周期模型也应该随之迭代。于是，一个能在存量时代背景下依然保持增长的用户生命周期模型——AARRR 模型应运而生。该模型由 5 项指标组成，如图 3-2 所示。

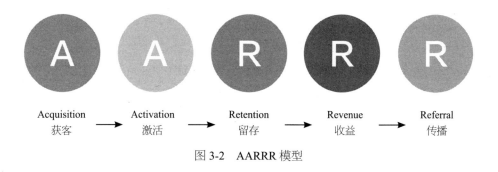

图 3-2　AARRR 模型

1. Acquisition（获客）

获客指的是将潜在的目标群体转化为使用产品的用户的过程。这个过程的重点是凸显并传达产品的核心价值，以增强产品对用户的吸引力。具体做法有很多

种，包括用植入广告的方式提升产品曝光度、与其他品牌进行战略合作、通过营销加深用户对产品的印象等。

2. Activation（激活）

激活环节对企业的营销能力提出了较高的要求，关键在于建立用户成长体系和激励体系。具体的做法是，定期开展积分活动，为用户发放优惠券。积分活动有助于构建用户成长体系，而发放优惠券则有助于建立激励体系。如果能够开展长期性活动，如做任务赚积分、积分兑换奖品等，效果将更为显著。

3. Retention（留存）

留存的目标是让用户愿意多次购买产品，而不去选择其他品牌的产品。在留存环节，企业需要为用户提供一些有温度、有情感的产品和服务。例如，鸿星尔克曾经推出"青年共创计划"，与粉丝共创品牌，并签约了多名青年设计师。粉丝真正参与到品牌建设和产品设计中，可以获得参与感和荣誉感。这样他们对鸿星尔克的黏性更强，从而成为品牌的忠实拥护者。

4. Revenue（收益）

企业运营最终的目标是实现收益最大化。在这方面，产品经理和市场经理的观点可能不同。产品经理往往认为，要尽量把产品设计得完美，为用户提供极致的使用体验；市场经理则希望产品可以实现收益最大化。如果经过测试，某一方的产品设计方案胜出，但盈利优势不明显，那么市场经理往往会选择可以赚取更多回报的那个方案。

在产品设计上，产品经理通常有丰富的经验和敏锐的洞察力，能够捕捉到许多关键要素。然而，要确保决策的合理性和效益的最大化，还需要进行精确的数据分析。只有在充分收集和分析数据的基础上，企业才能制定出更加精准的产品策略，从而创造更大的价值。

5. Referral（传播）

病毒式传播是实现快速增长的关键因素。当某个产品在社交媒体上被广泛分享和讨论时，它很可能迅速走红。随着社交媒体的普及，营销变得越来越容易且成本更低。利用社交媒体的力量，鼓励用户将产品推荐给亲朋好友，形成一个庞大的宣传网络，是企业实现产品广泛传播的有效方法。

当用户生命周期正式启动时，企业必须尽快制定并执行增长策略。如何实现从稳步增长到爆发式增长的转变，成为企业亟待解决的问题。在此过程中，除了关注新用户的获取，激活、留存和传播同样不容忽视。通过全面优化这些环节，企业能够更有效地推动用户增长，实现快速发展。

3.2.3　让用户少做选择

随着产品同质化现象越发严重，在购买产品时，用户犹豫不决，因为他们的选择很多。为了避免这种情况发生，企业可以打造超级产品占领用户的心智，让用户不需要再比较各种产品，从而帮助他们降低选择难度。

在很多生活和工作场景中，人们都需要做选择。例如，你的老板忙于开会，嘱咐你中午为他订一份外卖，你会从平台上挑出 30 多家餐厅让他自己选择吗？答案是不会。这样做会让他觉得你并没有帮助他解决问题，而是又把问题丢给了他。甚至你还为他营造了更复杂、烦琐的选择场景，导致他不得不花费更多时间做决策。对你来说，比较好的做法是让他从 2～3 家餐厅中选择他最喜欢的那一家，然后你负责订外卖。

其实开发产品也是如此。如果产品过于同质化，用户面临很多选择，那么用户很可能想立刻"逃跑"。如何让用户少做选择、节省用户的时间，便是企业需要思考的问题，同时也是打造超级产品的关键。解决这个问题并不是很难，企业具体可以从以下 3 个方面入手，如图 3-3 所示。

图 3-3　让用户少做选择

1. 消费决策预判

　　企业在产品上市前应该通过充分的市场调研了解用户的消费偏好，调研问题可以是"你最喜欢我们上一款产品的哪一点？""如果我们改变产品的某项设计，你会怎么想？"等。企业需要对已经收集到的产品反馈信息进行筛选和整合，从而根据用户对产品的选择倾向优化产品，为用户提供更符合其期望的产品。

2. 产品有效分类

　　将产品分类能够有效缩小用户的选择范围。企业可以将全部产品看作一个集合体，以特征作为分类依据，将集合体逐次分为若干个具备相同特征的子集。这些子集就是产品的类目，而类目次序一般是大类、中类、小类、细类等。

　　有些服装企业将产品分为男装、女装、男鞋、女鞋、配饰 5 个大类，接着又将这 5 个大类细分为不同小类。例如，将男鞋细分为跑步鞋、篮球鞋、综训鞋、滑板鞋等。还有些企业会对产品的风格和材料进行细分，以便让用户根据自己的需求和喜好选择产品。

对产品进行分类便于用户区分、快速找到自己心仪的产品，同时也有利于提升用户选择产品的条理性以及消费决策的科学性和精准性。

3. 产品具象输出

用户往往会利用具象思维选择产品，因此，企业需要让用户更直观地了解产品的功能和属性。例如，淘宝的 AR（增强现实）试妆程序体现了淘宝对产品的具象化输出。用户通过产品封面图进入 AR 试妆程序，将摄像头对准自己的面部后点击产品选项，就可以从电子屏幕上看到不同的上妆效果，从而在试妆过程中获得更真实的体验。

用户不会因为选择多而感觉自己"手握大权"，相反，选择多意味着他们不得不费心费力地比较所有选项，以做出最优选择。但是在这个过程中，他们可能会产生厌烦、焦虑等情绪，从而导致选择困难。在新消费时代，企业不应该为用户提供大量选择，而应该尽量帮助他们减少选择。这样他们的消费过程才会更便捷，消费体验才会更好。

3.3　内容助力企业顺利出圈

想要打造一个有吸引力的品牌，优质的内容是不可或缺的核心要素；为产品种草，需要邀请网红大 V 共创内容……可以说，一切和运营有关的工作都离不开内容。然而，现在很多企业对内容营销仍持保守态度，不愿意花费时间和精力精心打磨内容。在"内容为王"的时代，企业应认识到内容的重要性，思考如何才能将内容做好，否则很可能会被时代淘汰。

3.3.1　核心内容：必不可少的语言钉

在信息大爆炸时代，每位用户每天平均要接收上万个词汇。为了让他们记住与品牌相关的词汇，企业需要将语言极度简化，以精练的文字把品牌的内涵、价值观、愿景等展现出来。而精练的文字，就是营销战略大师劳拉·里斯提出的语言钉。

成功的企业，往往有一个有吸引力的语言钉。红牛的语言钉是"困了累了喝红牛"、六个核桃的语言钉是"经常用脑，多喝六个核桃"、阿里巴巴的语言钉是"让天下没有难做的生意"……优秀的语言钉可以拯救企业，而不合格的语言钉可能导致企业走向衰落。曾经有一家专门销售母婴服装的企业，豪掷了上千万元装修门店，店内配置和摆设十分豪华，却门可罗雀。这家企业的运营战略没有什么问题，唯一的不足是语言钉不够精准、响亮。

后来，该企业从母婴定位出发，设计出语言钉——"妈妈更美丽，婴儿更健康"。此语言钉一出，便迅速吸引了宝妈们的注意。随后，该企业又在微博、抖音等平台上重复宣传这一语言钉，不断加深宝妈们的记忆，获得了非常不错的营销效果。

如今，越来越多的企业意识到语言钉的重要性，并积极打造适合自己的语言钉。语言钉有很多类型，如图 3-4 所示。

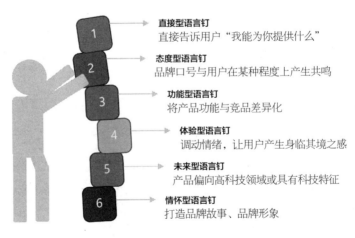

图 3-4　语言钉的类型

（1）直接型语言钉往往以简洁、明了的方式将产品的名称、效果、价值观等关键信息传达给受众。李宁的语言钉"一切皆有可能"传达了积极、勇敢、乐观的价值观，与年轻人的生活态度高度契合，激发了人们对其产品的兴趣和购买欲望。

（2）态度型语言钉更加注重与用户的情感连接。鸿星尔克将"To be No.1"作为语言钉，向粉丝传达坚忍、拼搏的奋斗精神，同时也体现了其对未来发展的美好愿景和自强不息的斗志。

（3）功能型语言钉直击用户痛点，帮助用户解决问题。"去屑实力派，当然海飞丝"是海飞丝的语言钉，该语言钉直接告诉人们产品的主要功能是去屑。只要人们听到或看到过这一语言钉，在遇到头屑问题时，就很容易想到海飞丝并主动购买其产品。

（4）体验型语言钉使用户在听到或看到某个语言钉时，可以产生视觉、味觉、嗅觉等感官体验，从而获得一种身临其境的感觉。麦斯威尔咖啡的语言钉"滴滴香浓，意犹未尽"将咖啡的香醇与用户的内心感受紧密相连，给用户留下深刻印象。

（5）未来型语言钉适用于具有科技特征的产品或品牌。专注于科技类业务的品牌联想将"人类失去联想，世界将会怎样"作为语言钉，以反问的形式激发用户展望未来，并向用户暗示其产品的专业性和科技含量。

（6）情怀型语言钉通过打造品牌故事、品牌形象唤醒用户内心的情感。恒源祥作为一家老牌服装企业，被"80后"和"90后"所熟知，其语言钉"恒源祥，羊羊羊"成为一代人的记忆。该语言钉不仅表达了恒源祥坚持将上好羊毛作为原材料的宗旨，还弘扬了恒源祥心系用户、注重产品质量的良好形象。

"简单即王道"，语言钉虽然只是简单的几个字，但它为品牌带来的价值不可估量。企业需要找到适合自己的语言钉，然后反复地强化它，最终让用户形成难以磨灭的记忆。

3.3.2 借助视觉锤吸引用户

提出语言钉的劳拉·里斯认为，企业想要取得成功，不仅要有语言钉，还要有视觉锤。她在《视觉锤》一书中将视觉形象和语言信息分别比作锤子与钉子，主张企业要用视觉形象这把锤子，将语言信息这颗钉子"钉"到用户的心智中。

视觉锤蕴含强大的情感力量，可以为用户带来强烈的感官冲击；可以超越文字，打破不同品牌之间的界限；可以让用户更高效地识别品牌……

既然它的价值如此显著，企业应该如何打造它呢？可以从以下方面入手。

1. 形状：最容易让用户记住的符号

一个简单、别致的形状，可以让用户将品牌与其他品牌区分开来。耐克（Nike）的视觉锤是一个"对钩"，象征着希腊胜利女神翅膀上的一支羽毛，给人们带来轻柔、轻快、灵动的感觉。

2. 线条：直线还是曲线

线条一般有直线、曲线两种形式。阿迪达斯（Adidas）的视觉锤使用了直线设计，展示了一个运动品牌应该有的果断、干练、爽快、锋利等特征。

3. 颜色：打造品牌专属特征

相较于文字和图形，颜色可以更快地进入用户的视线，为用户带来视觉冲击。如果企业率先控制了某个品类，就可以通过占领某个特定的颜色来吸引用户。例如，蒂芙尼（Tiffany）占领了蓝色（蒂芙尼蓝），给用户一种优雅和真实的感觉。

4. Logo：将常用符号特殊化

Logo 是视觉锤的表现形式之一，常见于产品、广告牌或网站上。一个让用户印象深刻的 Logo 应该是便于记忆、与众不同的。李宁的 Logo 是汉语拼音"li"

和 "ning" 的首字母大写的变形，体现了体育品牌的活力和进取精神。人们只要看到这个 Logo，便能立刻联想到李宁品牌。

5. 产品：天然的视觉锤

设计一款本身就包含视觉锤的产品能让用户印象深刻。卡骆驰（Crocs）借助产品打造了独特的视觉锤，强化了产品在用户心中的记忆。有洞的沙滩鞋是卡骆驰的视觉锤，虽然这样的鞋可能不太美观，但更容易获得用户的关注。而且除了产品这个视觉锤，卡骆驰还能延伸出 "丑也可以是美的" 这个语言钉。

6. 动物：突出品牌个性

将用户熟知的动物作为视觉锤，有利于激发用户对品牌的亲切感。鞋履品牌红蜻蜓以蜻蜓为核心元素设计了一个极具辨识度的视觉锤；男装品牌七匹狼选择了狼这种有拼搏精神的动物作为标识，展现男性的魅力，弘扬了其文化品质和品牌形象。

在这个竞争越来越激烈的时代，视觉锤已经成为必不可少的营销工具。但视觉锤并不是营销的终极目标，企业必须先把语言钉的作用发挥到极致，然后再借助视觉锤传递品牌特性，从而建立差异化优势，抢占市场先机。

3.3.3　UGC 内容引爆 "病毒式" 传播

众所周知，互联网从来不是一个唱独角戏的地方。虽然现在 BGC（Brand Generated Content，品牌生产内容）和 PGC（Professionally Generated Content，专业生产内容）仍然比较受欢迎，但新时代的用户已经不满足于简单地从别处获取信息，而是希望自己可以在网上发声。UGC（User Generated Content，用户生成内容）让他们想发声的愿望得以实现，同时也创新了内容传播模式。

在 UGC 模式的影响下，企业逐渐意识到，与其花费大量时间和精力自己策划内容去吸引用户，不如直接利用优质、有趣的 UGC 作品将 "同道中人" 聚集在一起，从而产生更强大的传播力量。这种认知的转变使得 UGC 模式成为企业进行营销的"新宠"。

企业应该如何通过 UGC 模式做好营销工作?

1. 找到用户的"痒点"并加以引导

"痒点"是用户内心"想要"且可以得到满足的欲望和期许。以年轻群体为例，他们的"痒点"往往会出现在获得社交与身份认同的过程中。他们极具好奇心，喜欢挑战新事物，热衷于可以为自己带来刺激感的内容和活动。

例如，崂山白花蛇草水花费了很长时间也没有打开国内市场，产品无人问津。后来，该品牌另辟蹊径，借助"最难喝"这一标签进入了大众视野。当时，很多网友自发地在微博、微信、抖音等平台上分享与崂山白花蛇草水相关的视频和图片，带动了越来越多人购买产品。

2. 降低用户创作门槛

想让用户主动输出 UGC 作品，创作门槛不能太高，而且要有较强的互动性。曾经火爆全网的"反手摸肚脐""锁骨放硬币""瓶盖挑战"等活动虽然有一定的挑战性，但创作门槛不高。用户只要有足够新颖的创意和一部有摄像功能的手机，即使无法挑战成功，也很容易拍出有趣的视频，实现现象级传播。

3. 通过可拓展的内容激发用户表现欲

大多数人都有表现欲，都希望向别人证明自己。因此，适合用户参与的活动一定要能激起他们的表现欲，让他们产生强大的动力创作内容。另外，企业输出的原始内容要有可拓展性，便于用户进行二次创作，实现传播效果最大化。在内容的可拓展性上，企业应该遵循"奥卡姆剃刀原则"，即在传递同类信息的情况下，内容的表现形式越简单，可拓展性越强，用户就越容易在输出 UGC 作品时玩出新花样。

需要注意的是，实施 UGC 模式还要时刻关注用户的反馈，做好内容筛选、社交传播等工作。企业可以将用户创作的视频发布到社交媒体上，鼓励更多人参与创作，让他们感知到自己的价值，促使他们成为 UGC 作品的创作者和传播者。

在众多内容营销策略中，UGC 模式是非常考验企业营销能力的。虽然这种模式操作难度较高，但可以为用户提供实质性的价值。而且，在与用户互动的过程中，企业可以突破传统营销边界，汲取内容创作灵感，实现营销内容创新。

3.4　构建全域流量体系

如今，越来越多的企业开始实施流量战略，导致流量红利被瓜分殆尽，获取流量的成本越来越高。在这种情况下，许多企业投入巨额的营销费用，但往往难以获得理想的回报。为了扭转这一局面，企业迫切需要构建全域流量体系，以进一步优化流量架构，更加高效、精准地获取流量。

3.4.1　公域流量：抓住热点是关键

引爆公域流量的一个很好的办法是借助热点。何谓热点？就是近期发生，并且具有很大影响力的事件。在打造品牌方面，热点发挥着重要作用，因为它能够为企业带来广泛的关注，提升品牌影响力。

热点可以是社会新闻，也可以是娱乐新闻，具体内容要根据企业所处的领域来决定。例如，专营运动服装的企业可以多关注体育界的新闻，从中寻找热点。

在借助热点打造品牌时，企业要多关注权威的、具有热点功能的平台，如微博、今日头条等。以微博为例，微博会根据人们对话题的点击量形成一个热搜榜单，这个榜单就是热点的来源。另外，微博还有一个非常好的设计——热门微博分类，企业可以根据自己所处领域有针对性地寻找合适的热点，从而节省一大部分时间和精力。

找到合适的热点后，企业要借热点进行宣传，方法如图 3-5 所示。

图 3-5 借热点进行宣传的方法

1. 软性植入热点才有最优效果

企业在借热点进行宣传时，创意非常重要，应给用户一种自然、舒适的感觉。如果企业直接进行硬性植入，或者选择与自身定位不匹配的热点，可能会产生不好的效果。例如，一个专门销售中老年服装的品牌如果执意要借"国潮"的热点，那么可能很难促进销售，因为中老年人往往更看重服装的舒适感和价格，对是否有"国潮"元素并不是那么在意。

2. 借明星的热点，要考虑粉丝的感受

曾经有两位明星在微博上发生了争执，双方各执一词，谁也不肯退让。后来，某企业通过自己的官方微博发了一篇文章，内容是为其中一位明星说好话。然而，另一位明星的粉丝基础非常强大，该企业没有考虑到这些粉丝的感受，一味地想

"蹭热点"，结果遭到了他们的攻击，自身形象受到了影响，可谓得不偿失。

3. 借热度可以，但要遵守道德底线

所有企业都可以"蹭热点"，但不能不择手段、随意造谣，违背道德底线。企业想要让用户支持自己，首先需要优化自己的形象，将自己打造成为一个价值观正确、弘扬正能量的品牌。企业付出的努力其实都是在为自己积累价值，如果为了提高一时的关注度做出不符合常理的行为，则会影响用户对品牌的信任度。

对企业来说，"蹭热点"进行新品的宣传与推广，肯定是有益处的，但企业不要对这种方法过于执着。如果蹭得不当，不仅会对新品的宣传和销售产生消极作用，还会影响企业的形象，给企业带来负面影响。

在寻找热点、"蹭热点"时，企业要不断地尝试和反思，逐渐培养出对热点事件的敏锐感知力，并形成一套行之有效的热点营销策略。

3.4.2　私域"留量"：搭建社群矩阵

如果说公域运营是获取流量的过程，那私域运营就是将流量变为"留量"的过程。企业想要获得持续关注和认可，就必须重视私域运营。在打造流量池的过程中，社群运营非常重要，但它需要整体规划，不能只是一个粗放模式。

所谓粗放模式，即不考虑用户属性、业务流程、内容输出等因素，只简单、直接地把受众拉到社群中。这样的社群运营起来会非常困难，大多以失败告终。为了解决此问题，企业应该学会搭建社群矩阵，方法如图 3-6 所示。

图 3-6 搭建社群矩阵的方法

1. 社群定位

搭建社群矩阵的基础是社群定位。社群定位包括 3 个部分：核心定位、用户定位、内容定位。做好核心定位需要明确社群成立目标、社群标签、社群功能，分析社群能够为用户带来什么价值；用户定位包括明确用户的性别、年龄、地域、职业类型、经济实力等；内容定位包括分析内容类型、深度、输出方式等。精准的社群定位有利于强化用户对社群的认知，帮助企业打造更合理的社群体系。

2. 倍增和裂变

企业在搭建社群矩阵时可以先进行社群的横向倍增。社群可以横向扩展为同城群、交流群、会员福利群、秒杀特价群、学习赋能群等。企业还可以根据不同主题对社群进行纵向裂变，如会员福利群可以裂变为淘宝会员福利群、抖音会员福利群等。

3. 内容打造

想要激发用户对社群的兴趣，内容打造是必不可少的环节。互动需要内容，举办活动也需要内容，企业在不同类型的社群中输出的内容应该是不同的。例如，企业需要在交流群中为用户推送实用性强的知识、技术或经验。某服装企业经常在交流群中为用户普及最新的流行元素或穿搭风格，让用户在互动中学习知识。

如果是有销售性质的社群，因为其终极目标是变现，所以输出福利或种草类内容更合适。例如，电子产品制造企业可以在销售群里为用户讲解产品的主要功能以及可以为用户带来什么价值，从而引发用户"种草"。在介绍产品卖点的同时，企业还可以公布产品上新特惠价格、新品活动时间等信息，激发用户的购买欲望。

社群是企业传播品牌和产品价值的重要载体，也是企业与用户建立信任关系的纽带。完善的社群矩阵有利于企业搭建更庞大、稳定的消费体系，稳固市场地位，实现持续增长。

3.4.3 直播背后的流量价值

进入直播带货时代，"万物皆可播，人人皆主播"已经不再是一句戏言。在各大企业，尤其是电商企业的追捧下，直播带货已经成为当下最流行的销售模式之一。这种销售模式不仅可以迅速吸引用户，还能推动线上渠道和线下渠道共同发展。因此，把握直播带货的新风口是企业在新零售趋势下突出重围的秘诀之一。

1. 直播预热留足悬念

如果企业已经在直播带货领域布局，但因为直播间人气惨淡和业绩低迷而苦恼，那么企业首先应该考虑直播预热是否做到位。正所谓"酒香也怕巷子深"，企业想让自己的直播间人气高，就必须重视直播预热工作。

在直播预热方面，很多企业都喜欢制造悬念这种方式。它们会借助直播亮点、直播福利制造悬念，激发用户的好奇心，吸引用户按时到直播间下单购物。

（1）直播亮点

在开始直播前表明直播亮点是比较常见的直播预热方法。例如，事先以短视频或图文的形式公布产品清单，在清单中重点突出用户期待的产品或新品。

天猫曾经推出一个广告，用幽默的方式展示了当代人的真实生活，包括"自鸽星人""柠檬星人""焦绿星人"等。想买东西但是一直在拖，今天拖到明天，明天又拖到后天，最后拖到产品下架，这是"自鸽星人"的日常。

手速慢，买不到自己心仪的产品，只能看别人晒产品，自己暗自酸溜溜的是"柠檬星人"。女朋友生日即将到来，但不知道买什么礼物的是"焦绿星人"。这些是用户在购物时各种心理的真实写照。

在列举这些生活实例后，天猫展示了"双十一"的直播时间，提醒用户做好抢货准备。而这只是天猫预热的第一步。为了进一步宣传"双十一"，天猫精心挑选出多款热销产品，并搭配"接地气"的宣传文案，引爆用户对"双十一"的期待。

除了可以将产品作为直播亮点，还可以将参与直播的嘉宾作为直播亮点。企业可以邀请高人气网红或明星作为嘉宾参与直播互动，并在直播前透露嘉宾信息，但不直接表明嘉宾身份，给用户留下想象的空间，激发用户观看直播的欲望。

（2）直播福利

用户都希望可以在观看直播的过程中获得福利。为了吸引用户，企业可以在直播前透露直播福利，增强他们的期待感，让他们主动关注直播。

某企业在自己的抖音账号上发布了直播预热短视频，主播方方（化名）在短视频中展示了一款产品，并说明这款产品在直播间只卖 ×× 元。用户在知道该企业的直播间将销售如此高性价比的产品后，大概率会观看直播，并购买自己心仪的产品。

悬念和惊喜是相辅相成的，企业在直播前设下悬念，用户在观看直播的过程中会收获惊喜。这样可以让用户对直播充满期待，让企业实现更有效的直播引流。

2. 产品介绍技巧

短视频领域有一个"黄金 5 秒"定律，即短视频必须在前 5 秒钟内吸引观众，否则观众就会划走，浏览下一条短视频。同样的道理，在直播过程中，产品介绍也有黄金时间，即 5 分钟。如果主播在 5 分钟内不能吸引和说服用户，那么用户就会离开直播间。因此，想要做好直播，掌握产品介绍技巧是很有必要的。

首先，直播应该展现专业性，以提升用户对产品的信任度。假设某主播要在直播间销售适合健身人士穿的运动套装，那么该主播可以穿着运动套装展示健身技巧。当用户就某一健身问题提问时，该主播应该及时为其提供专业性的解答。

其次，在条件允许的情况下，主播应该对产品进行试用或试穿，这样有利于更直观地展示产品的功效。如果产品无法在直播间即刻展现出效果，主播可以讲述自己使用产品的经历，为用户提供参考。例如，在销售祛痘类护肤产品前，主播可以对产品进行试用并记录皮肤状态变化，然后在直播时展示自己在使用产品前和使用产品后的皮肤状态对比照片，让用户更清楚地了解产品的使用效果。

3. 积极与粉丝互动

直播的核心目的之一是带货，如果直播间留不住用户，则主播需要增加与用户的互动，增强用户的参与感，从而进一步提升直播间的热度和人气。

第一，主播可以通过开放式问题引导用户互动。

主播在介绍羽绒服时可以说："我最喜欢长款羽绒服，因为它可以把我的身体'包裹'起来，不知道大家喜欢什么款式的？"主播在介绍颜色比较鲜艳的鞋子时可以说："我喜欢亮色的鞋子，显得青春有活力，但我的朋友更喜欢黑色和灰色的暗色系产品。大家可以把自己的想法打在公屏上。"这种开放式问题能激发用户的表达欲，让直播间更有人气。

第二，主播可以开展抽奖活动。

主播可以引导用户将指定的互动口号打在公屏上，然后随机抽取参与互动的用户并给予奖励。主播也可以直接将秒杀产品、优惠券等福利的链接放在直播间，引导用户及时领取福利。例如，某企业经常在直播间发放会员大礼包、优惠券等福利，吸引用户自发地与主播互动，让直播间有更高的热度。

需要注意的是，主播需要对直播间的互动情况进行控制，如果用户的情绪过于激动，或互动时间过长，那么可能对后续直播进程产生不良影响。主播控制好互动内容和时间，引导用户积极互动，能够让直播间的氛围更轻松，用户也更愿意参与到互动中并进行消费。

在直播带货时代，线上渠道与线下渠道更加紧密地结合在一起。企业可以通过线上直播的方式为线下门店带来流量，提升线下门店的销售业绩。例如，在直播时，主播可以介绍线下门店的优惠活动，发放可以在线下门店使用的优惠券，并规定优惠券的使用期限，促使用户在优惠券到期前到线下门店消费。

此外，线下门店也可以通过一定的方式将到店用户沉淀到社群、微信公众号中。企业在直播前，可以通知这些用户，将其引流至直播间，然后再吸引用户到线下门店消费。这样有利于巩固用户和企业之间的关系，形成从引流到回流的完整闭环。

第 4 章
利润最大化：开辟财富自由新路径

商业领域流传着一句话："得利润者得天下。"利润是企业经营和发展的命脉，没有利润，企业难以实现有序运营和发展。那么，企业如何在竞争激烈的市场中创造利润，并实现持续、稳健的增长呢？本章将深入剖析这一核心议题，为企业提供关于利润管理的全面指导，助其在商海中稳步前行。

4.1 把事做对，赚钱更容易

盈利是企业生存和发展的核心追求。企业想要实现盈利或进一步提升利润率，就要深入理解与利润相关的各项指标，并从内部出发，全面优化业务和战略布局。此外，制定合理的定价策略是实现全方位利润规划的关键一环，有助于企业更好地掌控资本，使其成为推动自身持续发展壮大的强劲引擎。

4.1.1 与利润相关的 3 项指标

企业的盈利能力会通过一些指标体现出来，如果企业利润丰厚，那么相关指标的表现会很不错。具体来说，与利润相关的指标有主营业务净利润率、销售净利润率与毛利润率、净资产与总资产收益率。企业可以从这些指标入手找到实现利润增长的方法。

1. 主营业务净利润率

主营业务利润率是企业在一段时间内主营业务利润与收入净额的比率。这项指标最能体现企业的盈利能力。一般来说，这项指标越高，企业的主营业务发展得越好，在市场上有更强大的竞争力和影响力。

通常，主营业务的利润在利润总额中占比最大，企业的投资收益、其他业务的利润、营业外收入等指标的比重较小。如果企业出现不同于此的非常规情况，如主营业务的利润过低，就要及时对主营业务进行调整，尽快使企业的发展重回正轨。

2. 销售净利润率与毛利润率

销售净利润率即净利润在销售收入中所占比例，是企业销售水平的表现。在对这项指标进行分析时，企业可以将该指标连续几年的数值进行纵向对比，从而得到这几年的利润发展趋势；也可以将该指标的数值与其他企业或同行业企业的平均数值进行横向对比，从而判断自身竞争力高低。

销售毛利润率与销售净利润率相似，区别在于前者忽略了管理成本、销售成本、财务成本等。销售毛利润率可以通过利润表计算得出，常用于分析主营业务的利润空间及变化趋势。通过该指标的数值波动情况，企业可以了解经营过程中的问题并及时解决。另外，企业也可以通过该指标选择未来的业务方向，做出有利于业务发展的决策。

3. 净资产与总资产收益率

净资产收益率即净利润与净资产的比率，又称为股东权益报酬率，体现了企业使用原有资本获得收益的能力。提高净资产收益率，可以通过增加净利润或减少净资产的方式实现。在净资产收益率零增长的情况下，某些企业会通过加大现金分红力度的方式提高其数值。

一些企业负债较多，导致净资产收益率虚高，这时就需要使用总资产收益率来分析利润情况。这是判断企业是否需要负债经营的重要依据，通常其数值越高，则表明企业的竞争力越强、发展潜力越大，意味着企业不需要负债经营。

在分析净资产收益率时，最好同步分析总资产收益率。二者之间的差距可以反映出企业面临的经营风险，而且对二者进行对比分析后，企业可以做出更有利的决策。

4.1.2　新手的 10% 与优秀者的 90%

有的企业认为自己所处的行业是夕阳行业，10% 的利润就已经是行业平均水平了。在管理企业时讲平均主义、易于满足，只会让企业逆发展。在利润率问题上，也是同样的道理。

每个行业都有利润高的企业。以互联网行业为例，阿里巴巴、腾讯、百度的利润率较高，但如果我们求平均值，就会发现这个行业的平均利润率不是很高，因为这个行业中除了高利润的企业，还有一些多年盈利为负的企业。

某企业属于低端制造行业，主营各类打印耗材，包括硒鼓、墨盒、碳粉等，年销售额达到 1000 万元，但净利润十分微薄，只有 3%。该企业最大的困境是产品没有市场，因为除了惠普原装硒鼓，硒鼓市场极少有其他被公认的品牌。

曾经有同行试图通过新的营销策略推广自己的品牌，但效果甚微。普通用户对硒鼓的需求量小，而需要大量硒鼓的单位或机构通常都是招标采购的。因此，广告投入对提升销量的作用不大。于是，该企业尝试转型，如取消中间商，改为直营或电商渠道；延长服务链条，开辟打印机维修业务等。但最终都因为行业市场特点、自身资源和能力有限等失败。

走过许多弯路后，该企业痛定思痛，沉下心来认真分析，最后从用户需求的角度挖掘创新点。通过研究用户构成，该企业发现占硒鼓使用量 70% 的用户是那些打印量大的窗口单位，如银行、保险公司等，而此类单位负责物资采购的通常是行政部门。

从采购硒鼓到将硒鼓发放给使用部门，通常要经过烦琐的流程，导致使用部门从产生需求到实际拿到硒鼓，至少要经过一周的时间。此外，行政部门和使用部门要腾出专门的空间来存放这些硒鼓，还会产生库存费用。

该企业根据这一现状，转变思路，由独立经销商推测时间点主动上门给用户补货。这样一来，用户就不需要库存，也不用建立出入库程序，节约了原本用于这些工作的时间和资源。该企业还设计了一个产品箱，将一个月用量的硒鼓装入箱内，同时在每一个硒鼓上贴上条形码，用户使用硒鼓前需要扫码，相关人员会收到使用消息。这样，该企业可以定期上门服务，对用完的硒鼓进行补货，回收坏硒鼓，检修没用完的硒鼓。

之后，该企业与第三方机构合作开展推广活动：在箱子内装入第三方机构的宣传单、优惠卡券、试用装等，从中收取配送服务费。于是，产品箱变成了一个定向宣传渠道。这些赠品既为该企业带来了额外收入，又给用户带来了惊喜。通过额外的收入，该企业有了降低硒鼓价格的资本，在采购招标时获得了竞争优势。

通过对用户需求进行分析，以及结合用户需求不断创新，该企业最终实现了产品转型，找到了解决方案与新的价值空间。很快，其利润率就超过了 10%，走出了困境。

通过这个案例我们可以看出，利润率不是由行业决定的，而是由企业的能力决定的。因此，企业即便没有丰富的资源与渠道，但只要能够深入挖掘用户需求、敢于创新，就有希望实现较高的利润率，获得丰厚的收益。

4.1.3 多关注定价这件事

定价合理，利润才有保证。在确定产品的价格时，企业首先要划定一个范围，然后选择合适的方法确定产品最终的价格。定价方法主要有 3 种：成本导向定价法、竞争导向定价法、用户需求导向定价法。企业可以根据自身实际情况进行选择。

1. 成本导向定价法

成本导向定价法是根据单个产品的成本加上预计的利润来进行定价的方法，这是最常用也是最基本的定价方法。

这种方法本质上是一种由卖方决定价格的定价方法，在一定程度上脱离了定价目标，忽视了用户对产品的需求、行业竞争、平均价格水平等关键因素，因此定价的合理性并不稳定。在使用该方法时，企业要在以成本为导向的基础上，综合考虑市场竞争、用户需求等因素，这样制定的价格会更科学、合理。

2. 竞争导向定价法

竞争导向定价法是一种基于企业间竞争的定价策略。企业在制定价格时，会参考竞争对手的服务水平、生产规模、产品价格等关键因素，并综合考虑自身的实力和市场地位。这种方法的核心在于，产品的定价会根据竞争对手定价的变化而调整，通常与成本和市场需求之间的直接关联较弱。换句话说，只有当竞争对手的定价发生变化时，企业才会相应地调整其产品的定价。

尽管这种方法看似不太科学，但通过巧妙地运用其他营销手段，企业可以将其产品价格设定在相对于竞争对手更高或更低的水平上，从而获得竞争优势。

3. 用户需求导向定价法

根据现代市场营销理念，用户需求是每个企业生产与运营的核心，主要体现在产品、价格、销售等方面。通过调查用户对产品的满意程度和市场供求情况来定价的方法就是用户需求导向定价法。这种方法以用户对产品的需求为基础进行定价，与成本没有直接的联系。在使用这个方法定价时，最重要的就是把握用户的真正需求。因此，在定价前，企业应该先对用户的需求情况进行调研，然后根据调研结果来决定产品的价格。

每个企业的规模、运营战略、营销战略以及经济情况都不相同，适用的定价方法也不相同。企业在为产品定价时要审慎选择定价方法，以扬长避短，提升产品的销量和销售额，进而实现收益最大化。

4.2 关于利润的必知定律

当利润增长进入瓶颈期时，掌握一些与利润相关的定律，如 PMF 定律、差异化定律、组织克隆定律、高壁垒定律等，可以助力企业摆脱困境、开辟更多元的收入渠道。

4.2.1 PMF 定律：把需求转化为市场

产品市场匹配度（Product Market Fit，PMF）定律由马克·安德森（Marc Andreessen）提出，在硅谷非常受欢迎。该定律描述了一种理想状态，即产品和市场达到最佳契合点，产品能够满足市场的需求，从而令用户满意。

PMF 定律可以指导企业开发产品。具体来说，PMF 定律要求企业在设计和开发产品的过程中密切关注市场需求，确保产品能够满足用户的真实需求。这能够避免产品开发与市场需求脱节，减少无效投入和资源浪费。

那么，什么样的产品符合 PMF 定律，可以满足用户的需求呢？用户对一款产品的需求通常来自两个方面：一是从自身角度出发的需求，二是因为产品提供的价值而催生的需求。

第一个方面的需求比较容易理解。以特效药为例，虽然某些特效药的价格比较高，但大多数患者愿意购买。

　　另一个方面的需求是因为产品提供的价值而催生的需求。例如，信息管理软件及服务供应商甲骨文（Oracle）曾有一个非常经典的广告，其核心内容就是表明自己的产品比 IBM 的产品好。Oracle 的产品是否比 IBM 的好，我们暂时不管，但从市场宣传角度而言，其广告效应非常好，成功激起了很多用户购买其产品的欲望。

　　企业对用户的需求进行挖掘和判断对于自身的发展十分重要，但需要注意的是，有时用户自以为的需求其实不一定是其真正的需求。以特斯拉为例，早期的电动汽车在设计方面中规中矩，而特斯拉则反其道而行之，用精致、高质感的设计使用户得到了一种感官上的满足。

　　特斯拉曾经推出一款电动跑车，该跑车不仅性能好，还极具设计感，外观看起来非常时尚、潮流，可以很好地彰显用户的个性。而且，驾驶特斯拉生产的汽车可以体现车主的环保意识，是一种对环保理念的呼吁和宣传。事实上，很多车主选择特斯拉的汽车其实是在宣扬一种主张，而他们自己可能并没有意识到这一点。

　　需要注意的是，企业也必须重视产品提供的价值，这个价值能够在用户的心里放大多少非常关键。例如，减肥产品可以直接绑定标准量化的体重数据，使得用户对其价值的判断更直观、清晰，从而促使用户购买产品，为企业创造更多收益。

　　但对于一些促进睡眠的药物和辅食，用户很难判断其价值。影响睡眠的因素很多，即使用户的睡眠质量确实提升了，他们也很难明确是因为使用了产品，还是因为其他因素，如睡前没喝咖啡、白天工作太累等。

　　那么，这是不是意味着促进睡眠的药物和辅食等产品无法占领市场？答案是否定的。此类产品可以借助大规模的宣传和推广吸引用户的注意力，帮助用户感知需求。如果营销得当，此类产品也可以广受用户欢迎，获得不错的市场效果和利润。

4.2.2 差异化定律：细分红海市场

在新消费时代，细分红海市场，从中挖掘新商机对企业来说是非常重要的。例如，健身市场属于红海市场，到处都是没有差异化特点的健身房，但如果企业将健身房定位为只为产后女性提供身材修复服务的健身会所，就找到了新的利润空间。

健身是消费升级的产物，大多数人去健身房的目的是减肥、保持身体健康。而与健身不同，产后身材修复是一个极大的痛点，而且关注这个痛点的企业并不多。基于此，如果企业可以推出产后身材修复服务，就可以在健身这一红海市场中找到利润空间，而先行者将能够占据先机，尽享市场红利，获得巨大收益。

再如，现在咨询行业中的咨询公司很多，但如果咨询公司只为大型企业提供服务，就会与众不同，有利于打造差异化竞争优势。这也是一种非常典型的从红海市场中挖掘更多收益的做法，可以帮助企业找到新商机和更多元化的利润来源。

在细分红海市场方面，饮料品牌好望水做得不错。成立之初，好望水面临激烈的竞争——竞争对手除了元气森林等后来者，还有可口可乐、农夫山泉等在市场中根深蒂固的大品牌。因此，好望水想要成功突围，只能剑走偏锋。

元气森林在满足消费者对健康的需求的同时，还让消费者获得喝碳酸饮料的快感，从而在饮料这一红海市场中脱颖而出。但元气森林并未关注佐餐饮料市场，这为好望水提供了从该市场中挖掘新商机和利润来源的机会。

好望水的创始人孙梦鸽深耕餐饮行业多年，发现没有一款真正适合佐餐的饮料。传统饮料含糖量比较高，而普通果汁和辛辣、重口味的餐品不是很搭配。此外，一些知名饮料的成本与价格都比较高，餐厅老板很难从中获得比较高的利润。

好望水正是瞄准了消费者和餐厅老板的需求，以酸甜、解腻的山楂饮料为切入点，再配合酿制啤酒的设备与工艺，坚持不添加任何防腐剂、香精、色素等，使消费者更放心地饮用。区别于传统饮料的易拉罐装或塑料瓶装，好望水选择了极具质感的玻璃瓶。其外观颜值非常高，与热爱拍照并分享照片的年轻消费者的需求高度契合。

从产品定位来看，好望水主要面向 B 端（企业端）用户，即在餐厅中进行销售，并打出了"聚餐要有望山楂"的口号。这样的产品定位不仅区别于其他饮品仅针对 C 端（消费者端）用户的定位，还借助餐厅的客流量让产品覆盖更多人群，扩大品牌的影响力和知名度。好望水主要瞄准的是烧烤店、火锅店等，在这些适合聚餐的场景中，让消费者对好望水这一品牌产生认知，吸引消费者主动尝试既解腻又健康的气泡山楂汁。

如今，好望水的爆品望山楂已经成为餐厅的新宠，备受瞩目。随着知名度不断提升，好望水已经与霸蛮、谭鸭血、小龙坎等知名餐饮品牌合作，甚至还进入民宿、婚庆等赛道。可以说，好望水的发展战略是非常成功的，在饮料市场有着很强的竞争力。

4.2.3　组织克隆定律：创新要与克隆同步

有些企业为了获得更丰厚的利润，会对率先进入市场的产品进行再创新。例如，它们会在产品功能、外观、性能等方面进行改进，使自己的产品不仅达到克隆产品的水平，甚至超越克隆产品，拥有更强的竞争力。

在新浪微博诞生之前，国内最具竞争力的迷你博客网站是饭否。饭否模仿推特（Twitter），在我国类似的网站中各方面功能最为完备，用户最多。但饭否因违反了国家对网络言论监管相关规定，最终被关停整改。

新浪微博吸取了饭否失败的教训，仅模仿其运营模式，凭借雄厚的财力和人力资本达到了国家的监管标准。此外，新浪微博采取明星和名人策略，吸引许多知名人士注册使用，最终超越了饭否，成为我国最大的社交网络平台之一。

克隆后的再创新可以有效节省研发及市场培育方面的费用，降低运营风险，同时降低企业成长初期的不稳定性。那么，企业应该如何将创新与克隆结合在一起，在市场上占据一席之地？具体可以参考以下 4 种创新方式。

1. 内部开发型

内部开发型是指没有其他企业介入，仅靠企业内部人员进行克隆项目的创新。这种方式可以有效防止技术泄露，也可以杜绝其他企业的机会主义行为。此外，内部开发有助于促进内部信息流通，可以有效提升企业的开发效率和创新能力。但这种方式对企业的科研技术实力和资金实力的要求比较高，可能不适合资金紧张或技术实力薄弱的初创企业。

2. 联合开发型

联合开发型是指两家或多家小企业在平等、互利的基础上，形成合作关系，取长补短，共同拓展市场，从而达到共赢的目的。这种方式可以使小企业更有效地利用有限的资金和技术，通过优势互补来克服各自独立面对市场的困难和危机，共享创新成果。

企业可以选择以下 2 种联合方式。

（1）行业协作。行业协作即产业相关度较高的若干小企业组成联盟，成立技术开发小组，共享行业资源、人才、技术等，共同进行项目开发。

（2）区域联合。区域联合即地方科学技术委员会、企业、大专院校或科研院所等单位组成联盟，成立专门的技术开发小组，共同进行项目开发。

3. 依托型

依托型是指中小企业选择开发大企业配套的技术项目，作为大企业的一部分，与大企业保持技术协作，从而实现优势互补、协同发展。通过这种方式，中小企业避免了与大企业进行直接、正面的竞争，以依附大企业的方式求生存。大企业经营规模大、市场销售情况稳定，能够给中小企业带来稳定的市场，有助于中小企业降低经营风险。

另外，中小企业在资金、技术、市场、管理、信息等诸多方面都能得到大企业的支持，从而提升创新能力，降低创新成本，缩短研发周期。

4. 开放型

开放型是指中小企业自身的创新能力较弱，不具备自主开发或联合开发的能力，需要借助社会力量开发创新项目。具体而言，企业开发创新项目所需的技术、资金、人才等，都需要社会力量提供。

这种方式要求企业在创新项目开发过程中处于主导地位，以吸引社会力量向自己聚集。但企业不能独占研发出的技术成果，而需要与参与的各方共享。对资金不充裕、自身创新能力较弱的初创企业来说，这是一种合适的选择。

企业可以根据自己的具体情况选择单一的创新方式，或者综合使用几种创新方式，以达到最佳的创新效果。

4.2.4　高壁垒定律：高壁垒"圈"出高利润

对任何企业来说，竞争壁垒都是一把非常好的"保护伞"。竞争壁垒分为硬性竞争壁垒，如技术、学术经验等，以及柔性竞争壁垒，如业务方向、数据积累能力、策略和执行力等。与硬性竞争壁垒相比，柔性竞争壁垒往往更有价值，甚至能够决定企业成败。

1. 业务方向

业务方向在一定程度上决定了企业是否愿意躬身入局、脚踏实地做别人不想做或不愿意做的事。利润比较高的企业通常会基于自己的业务方向关注行业空白，挖掘尚未被覆盖的业务。这些业务往往蕴含着非常大的价值。

2. 数据积累能力

以 Facebook（脸书公司，2021 年更名为 Meta 公司）为例，如果它没有建立用户必须注册才能浏览平台内信息的保护机制，就很难积累大量数据。再如苹果公司，庞大的用户体量使其能够凭借丰富的数据搭建完整的内容生态，使硬件和软件形成闭环。这是后来者难以撼动的绝佳"护城河"。

3. 策略和执行力

很多领域都存在"赢家通吃"的现象，部分企业便因此对该领域望而却步。其实企业应该站在"巨人"的肩膀上，吸收其他企业的成功经验，不断积累优势。

谷歌曾计划重建数据中心，但不希望竞争对手了解其数据疯狂增长的情况，所以注册了一家新企业，专门用于在美国境内寻找成本低、资源丰富的数据中心。直到上市之前，谷歌都一直采取这种低调的发展模式。为了顺利上市，谷歌需要披露相关信息，此时其他企业才意识到，原来搜索引擎带来的价值如此巨大，但为时已晚。

除策略外，领导和核心团队的执行力也非常重要。

很多人可能不知道，特斯拉其实不是马斯克一手创办的，他起初只是投资者。但不得不承认，直到他成为特斯拉的 CEO，该企业的传奇商业故事才正式开始。

在初期阶段，特斯拉的发展并不尽如人意，面临着缺少资金的困局。当时马斯克为了解救特斯拉，从美国能源部门拿到了巨额低息贷款。如果没有这笔资金，特斯拉恐怕早已不复存在，更不要提引领新能源汽车向前发展一大步。

企业有了强大的竞争壁垒，尤其是柔性竞争壁垒后，就可以在市场上占据优势地位。随后，资金、人才、技术等资源都会向企业倾斜，利润自然会有很大提升。

4.3　如何实现利润最大化

在商业世界中，实现利润最大化是每个企业追求的目标。这不仅需要企业及时对客单价进行调整，还需要企业将用户分层，充分挖掘利润空间，以及提升用户复购率。

4.3.1　对客单价进行调整

客流量、客单价是衡量产品销售情况的指标，我们可以简单地将销售额视为客流量与客单价的乘积。在客流量难以提升的情况下，提高客单价是实现利润增长的有效方法之一，其本质就是让用户单次消费更多金额。

客单价通常由以下 3 个因素决定。

1. 门店的铺货情况

销售场景会影响用户的购物情况。例如，大卖场、超市、便利店三者相比较，大卖场内产品的铺货量最大、品类最广，超市其次，便利店最次。因此，同样的产品，在大卖场的客单价可以达到 60～80 元，在超市可以达到 20～40 元，而在便利店则只有 8～15 元。

2. 促销活动

在品牌进行促销活动时，用户通常倾向于以优惠价格购入更多产品。企业可以利用这种消费心理，通过优惠活动促使用户购买更多产品，从而提高客单价。

3. 产品的关联组合

根据产品之间的关联性，企业可以将产品划分为同品类、相近品类、跨品类和跨大类，并将产品进行组合，从而有效提高客单价。例如，将婴儿的食品、服装、玩具进行组合，虽然横跨了 3 个大类，但这种组合符合用户的消费习惯，可以有效提高客单价。

在了解影响客单价的因素后，企业就可以从这些方面入手提高客单价。

对于同类产品，企业可以采用降价促销、捆绑销售、买赠等方式。对于不同类产品，企业可以将产品进行组合，让销售情况好的产品带动其他产品的销售。在这个过程中，企业要考虑产品的关联性，利用产品的相似性或互补性激发用户的购买欲望。

企业也可以对产品的销售数据进行分析。例如，分析各品类的产品在不同季节、不同节日的销售情况，从而建立产品与节日之间的连接，进一步引导用户消费；了解各品类产品的销售趋势，提升产品的品类档次；创建完善的会员系统，绘制会员消费行为画像，实现对会员的针对性营销。

此外，企业还要实时更新产品信息，频繁制造消费热点，向用户推广当期的最新产品、热销产品、促销产品，使提高客单价常态化。

4.3.2 将用户分层，充分挖掘利润空间

用户分层是精细化运营的前提，主要目的是对用户进行细分，以便更有针对性地实施运营策略，利用最小的成本挖掘最大的用户价值。想要实现用户分层，企业必须立足于自己的业务模式和实际的运营需求，初步构建出用户分层模型。

按照分层维度的数量，用户分层模型通常可以分为一维分层模型和二维分层模型。

1. 一维分层模型

一维分层模型使用频率较高，即企业根据核心维度对用户进行划分。如图 4-1

所示，左图以用户活跃度为核心维度，构建出一个金字塔式的用户分层模型；右图以用户交易情况为核心维度，构建出一个漏斗式的用户分层模型。

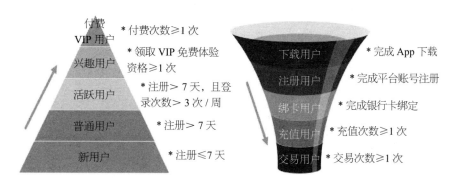

图 4-1　一维分层模型

在一维分层模型的框架下，用户通常会沿核心维度进行迁移，用户的平台价值随之提升，偶尔也会出现跨越层级的用户。例如，在金字塔式的用户分层模型中，存在注册未满 7 天的用户直接付费，从而跃迁到付费 VIP 用户的情况。当然，企业还可以对每一层的用户进行进一步分层。例如，在金字塔式的用户分层模型中，企业可以将最高层级"付费 VIP 用户"根据付费次数、付费金额、付费间隔等维度进行划分，从而实现对 VIP 用户的差异化运营。

2. 二维分层模型

企业可以将用户的平台价值和维系成本作为核心维度，构建分层模型。在分层模型的基础上，企业可以设计一个象限图，4 个象限分别对应 4 种用户，即明星用户、金牛用户、问题用户和瘦狗用户。

其中，明星用户的平台价值和维系成本较高，是企业应重点关注、推动其发展为金牛用户的群体；问题用户的平台价值和维系成本较低，是企业可以聘请专业人员推动其转化的群体；金牛用户是企业的主要利润来源；瘦狗用户则是企业需要战略性放弃的群体。

用户分层并不是越精细越有效，随着分层维度的增加，分层模型的结构越复杂，企业投入的精力与成本也越多。因此，企业一定要充分考虑自己的业务情况和经济实力，建立最有效、成本最低的分层模型。

在成功构建分层模型后，企业就可以有针对性地实施运营策略，提升不同层级用户的销售转化率。同时，企业还可以根据用户的层级优化资源配置，将有限的资源更合理地投入用户管理中，创造更多利润。

4.3.3　提升用户复购率

如今，获取新客户的成本持续增加，企业提升效益简单、有效的方式之一，就是引导用户复购，从而提高整体业绩。而在引导用户复购前，企业首先要明确用户流失的根本原因。从宏观来看，几乎每个行业都存在产能过剩、产品同质化的问题。用户的选择增加，购物需求也发生变化，单一功能的产品很难满足用户的需求，他们更愿意为产品的附加价值买单。

企业想要引导用户复购，就要转变经营思维，摒弃向用户介绍产品的传统思维，采用向用户介绍生活方式的新型思维。例如，在向用户介绍服饰时，企业的销售人员可以在不同的场景展示服装的搭配效果，让用户感受到服饰能为他们带来生活方式的改变或生活品质的提升，从而使他们产生购买欲望。

企业也可以通过"三七二十一"回访机制，提升用户体验，引导用户复购。"三七二十一"回访机制即将用户购买或收到产品当日作为时间节点，在第3天、第7天、第21天分别进行回访。

某家主营艾灸产品的企业，在该回访机制的作用下，用户复购率高达95%。在用户签收的第3天和第7天，企业的销售人员会打电话进行回访，询问用户是否开始使用产品、使用效果如何、是否需要具体的指导等问题。回访的实用性极高，不仅成本较低，还能给用户留下负责任的企业形象，提高用户对企业的信任度。

　　艾灸产品是消耗品，在第 21 天，用户购买的艾灸产品几乎消耗完毕，这时进行回访，很容易激起用户的购买欲望。如果通过前两次的回访，销售人员成功地与用户建立了信任关系，那么用户复购产品的概率会很大，产品复购率也会有所提升。

　　此外，在运用回访机制时，企业还需要注意收集用户反馈意见，及时改进产品与服务。对于复购率高、购买量大的高净值用户，企业需要重点关注。企业可以为用户建立档案，详细记录其个人信息、购物信息及反馈意见，以便更好地为其提供个性化服务。

第 5 章
5

成本削减：砍掉成本才能留住钱

在日益激烈的市场竞争中，企业为了保持盈利能力和稳健发展，不仅需要寻找新的增长机会，更需要在内部管理中实现成本的有效控制。成本削减，作为一种直接而有效的财务管理手段，受到越来越多企业的重视。通过砍掉不必要的开支、优化资源配置、提高运营效率，企业不仅能够降低经营成本，还能够增强自身的竞争力和市场适应性。

5.1 降成本首先要学会花钱

成本管理并非简单地节省开支，而是一门精妙绝伦的"花钱艺术"。在新商业时代的浪潮中，如何精准地调配每一笔资金，将其投入到最需要、最能产生效益的地方，已成为众多企业共同面临的挑战和亟待解决的问题。这不仅需要企业具备高超的财务智慧，更需要其拥有前瞻性的战略眼光和创新的经营思维。

5.1.1 三大花钱问题：场地 + 员工 + 预算

在初创阶段，企业主要面临三大花钱问题：场地、员工、预算。

1. 场地

创立初期，企业的资金有限，在选择办公场地时应该以省钱为主，不要盲目追求高品质的工作环境。大疆创新是从一间普通的居民房里发展起来的，谷歌最初的办公场地在一个租来的车库里……可见，企业能否成功并不在于工作环境的优劣。

如果办公场地对企业的日常运营没有实质性的影响，那么企业应将有限的资金用于发展业务和产品，等到有了稳定的收入，再考虑更换办公场地。这样不仅能节省一大笔开销，还能使员工深切地感受到企业的成长，从而增强他们的成就感和归属感。

创业园区是一个不错的选择。创业园区不仅能为初创企业提供适宜的办公场地，还能为其提供一些资源支持，有助于企业快速成长。

2. 员工

员工的数量并不是越多越好。例如，凡客诚品在精简组织架构后只剩下不到 300 名员工，但业务运营得十分顺畅。员工数量越多，意味着企业的薪酬、福利支出越多。将员工数量控制在一定范围内，不仅能够提高整个团队的工作效率，还能为企业节省一笔成本。一家有更多资金和高效团队的企业，成功的可能性更大。

3. 预算

有些企业，尤其是初创企业，错误地认为自己的规模很小、员工不多，因此不需要进行预算管理。事实上，如果没有合理的预算规划，企业很难对成本有全面而准确的把握。一旦资金出现问题，很可能导致企业陷入困境、发展受阻。

预算管理不仅能够帮助企业更清楚地了解资金情况，还能指导企业进行合理的成本管理。在制定预算时，企业要考虑自身在不同发展阶段的需求和特点，因为在不同发展阶段，企业的资金支出重点有所不同。

总之，企业在发展过程中必须高度重视场地、员工和预算等关键因素，以确保能够精细而严格地管理成本。只有把钱花在刀刃上，确保企业的基本生存和发展，才能为未来的扩张和发展奠定坚实基础。

5.1.2 不同发展阶段的花钱之道

有些企业不知道如何花钱、什么时间应该花钱、什么钱不应该花，最终遭受巨大损失。例如，某互联网企业规模不大、员工不多，但每个月的成本很高。从表面上看，该企业没有乱花钱，但深入探究，其实存在许多不必要的开销。

为了营造良好的工作环境，该企业采购了全新的办公设施；为了避免办公空间过于拥挤导致员工感觉不舒适，该企业将工作场地的空间利用率尽量降低。另外，该企业还设置了专门的"零食角"作为员工福利，并为员工提供了比较高的薪酬。该企业甚至在没有盈利时，依然给员工发放奖金。后来，该企业的资金越来越少，面临严重的发展危机。

幸运的是，该企业还有融资的机会。但因为资金有限，在不改变支出模式的情况下，该企业没有能力承担融资成本，所以错过了融资机会。最终，该企业耗尽了最后一笔资金，不得不宣布破产。

在企业经营中，资金无疑是至关重要的。企业若想摆脱资金困境，必须学会合理花钱，削减不必要的成本。企业的发展过程可分为初创期、起步期、发展期和成熟期，在每个阶段，企业对资金的需求和投入都有所不同。

1. 初创期

在初创期，企业面临的最大问题是资金不足。若没有稳定的资金来源，即使产品再出色，也难以实现量产；若缺乏资金进行市场推广，即便产品问世，其销售也会受阻，最终可能导致企业因无法盈利而倒闭。因此，在初创期，企业应精打细算，节约每一笔资金。然而，在寻求融资时，企业不应吝啬，因为适当的融资投入往往能在成功吸引资金后带来数倍的回报。

2. 起步期

在起步期，企业逐渐参与到市场竞争中，资金投入的目的是实现盈利。在这一阶段，虽然长期项目对企业的长远发展至关重要，但着眼于当下、对市场有敏锐的洞察力也很重要。因此，企业可以考虑发展短期项目，尽快实现盈利，确保能够在竞争中存活下来。

3. 发展期

处于发展期的企业已经初具规模，在市场中站稳了脚跟。为了进一步提升收入，企业应着重于扩大用户基础。例如，加大宣传投入以吸引更多的用户；将一部分资金用于扩大市场份额、提升市场占有率，并适当地扩张，尽快步入正轨。

4. 成熟期

成熟期的企业已经步入正轨，实现稳定盈利。在这一阶段，企业应聚焦生产规范化和标准化，尽量控制和降低生产成本。

在发展过程中，对于资金支出，企业应十分谨慎。企业应树立"合理节约，投资有道"的理念，确保每一笔支出都能带来回报。通过精准地把握不同发展阶段的资金需求，企业可以在激烈的市场竞争中稳步前行，实现可持续发展。

5.1.3　如何掌握花钱的节奏

许多企业都希望资金只进不出，然而这种情况不会出现。因此，学习如何花钱、掌握花钱的节奏对企业来说十分重要。

花钱的节奏是什么？大家可以结合以下案例进行理解。

假设有 A、B 两家企业，A 企业竞争对手的融资金额是 A 企业的 2 倍，而 B 企业的融资金额则是竞争对手的 5 倍。A、B 两家企业在扩大市场、与竞争对手较量时选择了不同的发展路线。A 企业选择稳健发展,在一年内只向外扩展了 5 个城市的市场;而 B 企业则选择迅猛发展,在一年内迅速占领了 30 个城市的市场。

A、B 两家企业花钱的节奏如何?首先,与花钱节奏相关的是 KPI(Key Performance Indicator,关键绩效指标)。A、B 两家企业制定的 KPI 都是成为行业第一名,并远超第二名。为了实现这一目标,花钱的首要目的是实现预定的 KPI。

在激烈的竞争中,补贴用户是一种常见的争夺市场的策略,但何时投入、投入多少,在很大程度上取决于竞争对手的动作。由于 B 企业的融资金额是竞争对手的 5 倍,因此它有更多的资金用于补贴用户,甚至可能只需动用 1/5 的资金便能与竞争对手抗衡,剩余的资金则可用于其他方面。

其次,花钱的节奏还要与企业的管理半径相匹配。B 企业一次性拓展了 30 个城市的市场,在管理上面临很大的挑战。企业扩张并不是简单的加法,而是乘法。对于在外地设立的分公司,母公司的管理者很难对所有事都了然于胸。

因此,如何为这些新拓展的企业找到合适的管理者成了一个关键问题。分公司的管理者不仅需要具备卓越的管理能力,还需要在管理理念、价值观、管理节奏、经营思维和工作模式上与母公司保持一致。此外,他们还需要具备强大的抗压能力和沟通能力。

B 企业需要在 30 个城市中找到合适的 30 位管理者,这是一项艰巨的任务。除此之外,30 个分公司的员工招聘同样是一个巨大的挑战。相比之下,A 企业选择的稳健扩展策略,更加符合长期发展的需求,花钱的节奏更加合理、可控。

5.2 挖掘削减成本的空间

在追求利润最大化和提升市场竞争力的道路上,成本控制成为不可或缺的一环。对此,企业应充分挖掘削减成本的空间,通过统筹规划成本支出、优化供应链、减少隐性成本等方法,全面提升成本控制能力,为可持续发展奠定坚实基础。

5.2.1　统筹规划：先砍掉一些成本

企业想要获得高利润，实现更好的发展，除了增加收入，还可以削减成本。那么，企业应该如何做才能削减成本？方法如下。

（1）砍机构。砍机构要"快刀斩乱麻"，而且要引导所有员工参与进来，实践"利润导向，用户导向"的原则。企业要重组产品研发、销售、交付这三大流程，可不设副职，由副总兼任正职，明确其职责。另外，企业还要减少组织层次，对每个岗位进行量化，把每个部门变成利润中心。

（2）砍人手。美国人力资源管理协会做过一个统计，在由 3 个人组成的团队中，有 1 个人是创造价值的，有 1 个人是没有创造价值的，还有 1 个人是创造负价值的。这并不是耸人听闻，因为工作中并不是"众人拾柴火焰高"。

招聘人数多，培训成本高，团队绩效并不会等比例提升。因此，企业不要盲目地招人。同时，企业要给每个员工设定明确的目标，用可以量化的数字对其进行考核，减少人力资源浪费，确保砍人手实现"10－1＞10"的效果。

（3）砍库存。企业要设定最低库存标准，尽量做到零库存；实施循环取货机制，与供应商保持通畅的沟通；与供应商建立良好关系，确保供应商优先送货等。

（4）砍固定资产。砍固定资产要"手起刀落"，因为固定资产会占用企业大量资金。无论是否被使用，固定资产都会产生折旧与磨损。而且，随着技术的升级，固定资产也要不断更新，产生更多维护、修理等方面的成本。

沃尔玛是世界 500 强之一，它和我国本土的很多企业都有共性：出身"草根"、白手起家、劳动密集型企业、追求低成本等。通过对沃尔玛低成本运作模式的研究，企业可以从中吸取一些经验。

沃尔玛是怎样砍成本的？它主要使用了以下 3 种方法。

1. 从上到下的节约观念

沃尔玛没有华而不实的办公场地、办公设备，始终坚持"实用至上"的原则。每到销售旺季或者节假日，沃尔玛的经理们会穿着西装在一线为消费者服务，而不会依赖招聘临时员工。节约是沃尔玛从上到下的一个观念和传统。

2. 统一配送

沃尔玛实行统一订货、统一分配、统一运送的模式。为此，沃尔玛建立了配送中心，而每家分店只是一个纯粹的卖场。供货商将货物送到配送中心后，配送员会在很短的时间内将产品从配送中心运送到门店，产品不会在库房里存放过长时间。这种做法使沃尔玛每年都可以节省数百万美元的仓储费用。

3. 借助高新技术有效协调货物配送

沃尔玛投入4亿美元发射了一颗商用卫星，实现了全球联网，以先进的技术保证高效的货物配送。通过全球联网，沃尔玛总部可以在1小时内掌握全球所有分店每种产品的库存、上架及销量信息。这样总部就能迅速掌握产品销售情况，及时补充库存，减少存货费用。

企业要把不必要的成本当成"毒瘤"割掉，不断向员工灌输降低成本的理念，培养员工的节约意识，将降低成本与组织发展密切联系起来，以获得更高利润。

5.2.2 从供应商处削减成本

作为供应链中的核心组成部分，供应商直接关系到企业的生存与盈利情况。选择优质的供应商不仅可以降低企业的整体运营成本，还可以显著提升企业的竞争力，助力企业拓展市场、提高销量。

如今，越来越多的企业认识到从供应商处着手削减成本的重要性。具体来说，企业可以采取以下方法。

1. 多方比价

深入分析价格、全面理解成本结构的基本构成，是对采购人员专业能力的核心要求。若采购人员对产品成本结构缺乏了解，他们将难以评估价格的合理性，从而错失众多降低成本的机会。

企业在选择供应商时，不应依赖于采购人员的个人喜好，也不应直接与以往的供应商再次合作。为了确保采购决策的科学性与合理性，企业应当遵循以下步骤：首先，设定正式的报价支出限额，以明确采购预算；其次，向多家潜在供应商发出报价请求，以获取多元化的报价方案；最后，将各供应商提供的价格与历史价格及预算限额进行对比分析。

通过多方比价，企业能够确保获得最具竞争力的价格，从而节省大量成本，增强市场竞争力。

2. 供应商管理

企业要制定合理的采购方针，并选择理想的供应商。理想的供应商是保证生产、提高经济效益的关键。对于提供原材料、辅助材料、配套设备的供应商，企业都需要慎重选择。选择不当不仅会影响产品的质量和生产周期，还会影响企业的信誉和经济效益。

在签订采购合同前，企业要对供应商进行考核，再在合格的供应商中进行进一步的挑选。对供应商的考核可以从 3 个方面进行：一是供应商的规模是否可以保证产品的生产进度；二是供应商是否有相应的资质证书和生产经营许可证；三是供应商的履约能力、技术、质量是否能满足企业的产品生产要求，是否提供售后服务。

3. 直接采购

企业可以选择直接采购的方法，以降低成本。例如，沃尔玛绕开中间商，直接从工厂进货，有效降低了采购价格。由于每经过一个中间商，价格就要至少高几个百分点，甚至十几个百分点，而避开中间商能够节省这些成本，因此沃尔玛在价格方面比竞争对手更有优势。

4. 合并采购

在采购过程中，企业可以将同类物品进行合并，从而进行更大规模的采购。这样不仅增强了企业与供应商议价的能力，使企业更容易争取到折扣，还提升了采购效率。不过，这种采购方法对采购人员的谈判能力与整合分析能力有着更高的要求。

需要注意的是，降低采购成本要站在整体经营的角度综合权衡各项指标，不要一味地追求低价而忽视其他成本，如运营成本、时间成本等。如果为了迎合低价供应商的时间而牺牲自身项目的进度，会引发一系列的负面影响，得不偿失。

5.2.3　拒绝浪费，控制隐性成本

除了显性的场地成本、员工成本、供应商成本，还有一些隐性成本也会影响企业的运营。控制好隐性成本，企业就能更好地进行成本管理，获得更多利润。

常见的隐性成本主要有以下 3 种。

1. 会议成本

会议是企业解决问题和发布指令的集体活动，处理不当会产生很高的成本。会议往往由多人或全体员工参与，因此，会议实际消耗的时间 = 会议时间 × 与会人员数量。如果会议没有准备充分、主题不明确、时间控制不好，则产生的隐性成本是非常高的。

2. 沟通成本

沟通是企业顺利运作的关键，只有沟通到位，员工的执行才有保障。一旦员工之间的沟通"失真"，就有可能导致项目停滞不前。如果交接工作的人词不达意、答非所问，再加上每个人的思维方式不同，则可能导致项目偏离预期目标，

甚至南辕北辙。更为严重的是，如果在接受上级指令时就会错了意，那么后续的很多工作可能都是无效的。这不仅浪费了大量的时间与人力，还有可能导致企业错过很重要的盈利机会。

3. 加班成本

首先我们要明确一个概念：加班并不等于敬业。员工加班有两种情况：一是工作任务过多；二是工作效率低下，无法在规定时间内完成工作。

针对情况一，企业要考虑是否需要招聘新员工，或者调整、优化员工的工作任务；针对情况二，企业要考察员工是否有提升能力的空间，再决定是继续培养、更换岗位还是将其淘汰。

总之，企业应该尽量减少员工加班的现象。加班会耗费员工更多的体力与精力，员工在精力不足的情况下工作效率更低。如果总是无法按时完成工作，员工只能不停地加班，从而形成恶性循环，给企业埋下隐患。

5.3 成本与现金流管理

虽然努力控制成本，但现金流还是不够充裕，这是很多企业都遇到的问题。究其原因，往往是企业在控制成本时忽视了现金流管理。其实，节流、加强现金流管理也是控制成本的有效方法。企业应该重视现金流，以现金流为基础做"一竿子插到底"的经营。

5.3.1 节流 = 省钱 = 降低成本

一旦企业出现现金流紧缺的情况，其正常的运营活动和员工的工作积极性就会受到影响。如果企业无法及时偿还到期债务，最终可能不得不破产清算。为了避免这些问题，企业必须在保证正常运营的情况下采取节流措施，确保现金流充裕、稳定。

常用的节流措施如下。

1. 以股权或期权支付工资

企业可以以股权或期权支付工资，让员工成为企业的股东，将员工的利益与企业的利益捆绑在一起。这不仅可以极大地激发员工的工作热情，使他们积极、主动地完成工作，还能减少企业的现金支出。

例如，在华为第一次陷入危机时，任正非选择将自己手中的股权剥离，按照员工的在职时间和级别，实行员工持股计划。这一举措迅速稳定了军心，促使留下来的员工都全力以赴地工作。那个艰难的时期也是华为"床垫文化"最兴盛的时期，问题解决小组或研发团队成员经常拉个床垫就睡在工作现场。直到现在，"能者多劳，多劳者多得"的企业精神依然激励着每一位华为员工。

2. 采用非现金的置换资源

企业应该利用好自身资源，采用非现金的置换资源，以有效减少现金支出。对音乐这种严重依赖版权资源的行业来说，曲库是核心竞争力。大多数人不愿意在手机上下载多个软件听歌，一个音乐平台的曲库越全，能留住的用户越多。因此，一直以来，各个音乐平台在版权方面竞争激烈。直到在国家版权局的推动下，腾讯音乐与网易云音乐就网络音乐版权合作事宜达成一致，宣布相互授权音乐作品达到各自独家音乐作品数量的 99% 以上。

国内音乐平台的局势基本尘埃落定。这个消息公开没多久，身处第二梯队的多米音乐就宣布，暂停多米音乐 App 客户端的内容运营。这个曾经风光无限、被誉为"在线音乐第一股"的平台，终究没能摆脱成为版权大战中的牺牲者的命运，更不用说其他默默倒下或被收购的平台。在市场上占据更大优势的企业，往往更懂得如何利用自身资源，使自身利益最大化。

3. 战略合作

战略合作是指双方或多方为了自身的生存、发展而进行的具有整体性、长远性，能够实现共赢的合作。企业之间进行战略合作不仅可以增强彼此的竞争力，提高经营效率，还可以扩大信息收集的范围，降低获取信息的成本。

滴滴出行曾经与万达酒店及度假村联合举办战略合作发布会，打通出行和酒店领域的资源和服务，宣称要为用户提供高品质、一体化的"出行＋酒店"服务。在滴滴出行与万达酒店合作后，商旅用户可以直接在万达酒店微信公众号内使用滴滴出行叫车，不用切换软件就能实现订房、预约用车。此外，双方还提供相应的住房与专车联合套餐，给予用户更多权益。这样双方不用耗费精力、时间去开发新项目，而是通过战略合作各取所需，实现资源共享和优势互补。

不仅如此，万达酒店还向滴滴会员提供订房折扣、额外积分、优先入住等权益，而滴滴出行则向万达酒店会员开放快速通道、免费升舱等权益。这种互惠互利的合作方式不仅让用户获得了额外权益，还使得合作双方获得了一批成熟用户，有利于巩固双方在各自领域的市场地位。

4. 租赁与购买

硬件设备对企业的运营至关重要，但它并非一项绝对无法节省的开销。在保证设备质量与性能的前提下，企业可以根据实际情况选择购买或者租赁。很多游戏企业在初创阶段都选择租赁服务器或机房，这样可以减少现金流投入。虽然从长远来看租赁成本可能高于直接购买，但可以保证企业有足够的现金流用于运营。等到发展稳定、进入正轨后，企业可以在现金流充足的情况下，选择购买更好的设备。

5. 全职与兼职

企业需要的是有能力、不掉链子、能够与团队共进退的员工。因此，在发展早期，企业对员工的选拔很慎重。其实，企业可以将有些工作交给兼职员工来做。

兼职员工的聘用成本较低，但工作效率没有保证；全职员工的工作效率有保证，但培养成本较高。企业可以综合考虑兼职与全职员工的优劣，选择招聘更适合的员工。

从招聘员工到与其他企业进行战略合作，企业都可以从中找到节流的方法。但要明确的是，节流是为了更好地运营，因此企业应以长远发展为目标。只有这样，企业才能在激烈的市场竞争中保持稳健的步伐，实现可持续的增长和发展。

5.3.2　把现金流管理到位

现金流是企业的生命线，一旦断裂，企业就会陷入困境。许多企业倒闭、破产都是因为现金流断裂，没有现金流的企业是无法生存的。为了避免现金流出现问题，企业必须加强现金流管理，其方法如图 5-1 所示。

图 5-1　加强现金流管理的方法

1.编制现金预算，加强资金调控

现金预算是现金流管理的主要内容，通过现金预算，企业可以掌握现金流入、流出情况，及时补足余额。此外，企业要按一定的比例从收入中提取准备金，以预防经营风险，避免出现现金流断裂危机。

2.建立健全现金流财务管理制度

企业应建立健全现金流财务管理制度，严格管理每一笔应付款以及预付款，并进行严格的预算、核算，以制度保证现金流的收支平衡。

3.加强现金流量管控

加强现金流量管控要求企业做好现金流量和流速的管理。在不同时期，企业的现金需求量存在较大变化。为了更好地利用现金，企业要根据自身实际发展情况，确定现金额度的上限。

4.现金流财务管理信息化

电子信息、大数据等技术的发展为企业现金流财务管理提供了便利。为了顺应时代潮流并实现持续进步，企业要及时更新财务管理方式，利用现代化数据信息，节约财务管理成本，提升财务管理信息化程度和效果。

财务数据信息化系统可以进行财务数据的整合归纳，具有快速查找、精确分析等功能。信息化不仅可以提高现金流信息的传递效率，还可以增强现金流数据的收集分析能力，加强企业现金流管理。

5.融资渠道多元化

多元化的融资渠道为企业获得充足的现金流提供保障，降低了企业现金流断裂的风险。

6.加强管理人员现金流管理意识

现金流是否合理流动在很大程度上取决于管理人员。因此，企业要加强对管理人员的培训，及时更新其财务知识，增强其现金流风险管理意识。

上海曾有一家发展势头非常好、主营大型超市业务的企业，在利润率达到20%、资产达千万元的情况下倒闭了。原因是这家企业的现金流出现问题，没有资金偿还应付款、给员工发工资。这家企业到期不能偿还债务，其债权人最终请求法院对该企业进行了破产清算。

一直到现金流断裂，这家企业中没有一个人察觉到现金流出现问题。由此可以看出，这家企业的管理层没有现金流管理意识。

而广东一家科技企业非常重视现金流管理。该企业规模较大，每天在技术与设备方面的现金支出非常多，但这家企业的现金流始终非常充足，原因就在于它能够合理利用现金流时间差。

每天银行下班前，这家企业的财务人员会将所有账户的余额全部转到企业总账户中。第二天早晨，财务人员会对资金进行合理的划分和分配。例如，根据已批复的申请单，财务人员可以直接划拨采购设备的资金；哪个部门需要出差，财务人员就直接将资金划过去，用不完的钱直接回流到总账户。

这样既做到了控制总量，又能对资金安排进行简单化处理。此外，这家企业每周还会公开现金流量表，对现金流入、流出情况进行汇总。

通过上述两个案例我们可以看到，对企业而言，在日常运营中进行现金流管理非常重要。只有企业有钱、能赚钱、不乱花钱，才能实现稳定发展和持续盈利。

6 第6章

融资方案：筹集到花不完的钱

在经济增速放缓和市场环境变幻莫测的背景下，企业想成功生存下来，需要贯彻执行"资金为王"的方针。通过融资，企业能够确保自身的资金链不断裂，避免因资金短缺而陷入困境。一个拥有充裕且可灵活支配的资金的企业，能够在市场变革中迅速调整战略，抓住机遇，从而在竞争激烈的市场中脱颖而出，成为最终的胜利者。

6.1 常用融资模式汇总

一家企业在成立初期、扩张期、平稳期及下滑期都需要大量的资金，以维持正常的运营和发展。只是企业所处阶段不同，对资金的需求程度也有所不同。因此，企业要在不同阶段根据自己的实际情况选择合适的融资模式，尽快让自己脱离缺少资金的"泥潭"。

6.1.1　天使轮融资

天使轮融资指的是企业的首轮融资，也是创业者寻求的第一笔资金。天使轮融资一般由个人投资者或天使投资机构出资，用于帮助具有专门技术或独特概念的创业者进行创业。它主要有以下2个特点。

（1）融资金额较小，投资者占股比例小。投资者在天使轮投入的资金不多，在公司是占股比例小，通常在 10%～20%，不会超过 30%。

（2）尽职调查不严格，投资者更多的是通过主观判断或者个人偏好做出投资决策的。愿意参与天使轮融资的人往往是创业者的朋友或商业伙伴。例如，三只松鼠创始人章燎原与 IDG 资本合伙人李丰是朋友，三只松鼠获得了 IDG 资本 150 万美元的天使轮融资。

创业者的朋友或商业伙伴通常会对创业者的能力和创意深信不疑，所以愿意在创业初期给予创业者资金支持。他们投入的资金可能不是很多，却对项目能否存活和发展下去有至关重要的作用。因此，创业者不能忽视天使轮融资，要想方设法扩大自己的社交圈。

企业进行天使轮融资可以采取不同的模式，即自然人模式或团队模式。这两种模式所涉及的金额和操作程序有所差异，企业要根据自己的项目进行选择。

1. 自然人模式

天使轮融资的投资者大多是有一定财富积累的企业家、成功创始人。在企业创立初期，他们是创始人的重要支柱，在投资后会积极为企业提供战略规划、人才、公关、人脉资源等增值服务。随着企业对天使轮融资的需求越来越强烈，手头有闲置资金的律师、会计师、高管以及行业专家等也成为天使投资者，为企业的发展提供动力。

2. 团队模式

自然人模式有一定的局限性，如项目来源少、个人经济实力不够强大、投资经验不足等。因此，一些天使投资者聚集在一起，组成天使俱乐部或天使联盟。这种团队模式有很多优势，如汇集项目来源、成员之间分享行业经验和投资经验等。

有一些团队联系紧密，会通过联合投资的模式对外投资。典型的天使投资俱乐部和天使联盟有上海天使投资俱乐部、深圳天使投资人俱乐部、亚杰商会上海天使投资俱乐部等。

6.1.2 债权融资

债权融资也称债券融资，即通过借贷的方式获取资金，主要包括发行债券、进行金融租赁。在通过债权融资获得资金后，企业要先偿还利息，在借款到期后再偿还本金。当资金周转困难时，债权融资是帮助企业渡过难关的一个比较不错的方法。

1. 发行债券

发行债券是债权融资的一种重要形式，是企业依照法律程序发行具备债权和兑付条件的债券，从而进行资金借贷的法律行为。它通常包括私募发行和公募发行 2 种方式。其中，由于私募发行具有发行条件宽松、满足企业多样融资需求、无发行总额要求、发行周期较短等优势，因此成为大多数企业首选的融资方式。发行私募债券对企业的要求如表 6-1 所示。

表 6-1 发行私募债券对企业的要求

企业主体	符合一般性规定，如存续满两年；生产经营规范，内控完善；两年内无违法、违规、债务违约行为
净资产	股份有限公司的净资产不低于 3000 万元，有限责任公司的净资产不低于 6000 万元
盈利能力	最近三年平均可分配利润足以支付债券一年的利息
偿债能力	对资产负债率等指标无明确要求，按照债券上市要求，资产负债率不高于 75% 为佳
现金流	经营活动现金流为正且保持良好水平
用途	筹集的资金投向符合国家产业政策
利率	债券的利率不超过限定的利率水平
担保	鼓励中小企业采用第三方担保或设定财产抵押 / 质押担保

在股权融资存在一定难度的情况下，通过发行私募债券进行债权融资也是不错的选择。

为了拓宽中小企业的融资渠道，解决中小企业融资难的问题，中国证监会研究推出中小企业私募债制度。这意味着非上市中小企业可以通过发行债券融资。

2. 进行金融租赁

金融租赁也是债权融资的一种，欧洲金融租赁联合会将其定义为："出租方和租赁方以书面形式达成的协议，在一个特定的期限内，由出租方购买承租方选定的设备和设施，同时拥有所有权，而承租方拥有使用权。"

金融租赁的优势十分明显。企业无须抵押或担保就可获得全额融资，这样可以在一定程度上减轻企业的现金流压力。从某种意义上来说，金融租赁可以作为长期贷款的替代品。

如今，金融租赁已经成为一种通用融资工具，解决了中小型高新技术企业融资难的问题。随着经济的发展，金融租赁的表现形式也越来越多样化，许多租赁服务应运而生，如委托租赁、风险租赁等。

金融租赁的适用范围非常广，对企业规模并无限制，不仅可用于厂房、设备等实物产品，还可用于软件、信息系统等互联网产品。

当然，金融租赁不可避免地存在一些缺陷。例如，能满足的需求总量有限，风险收益特征和行业指向性比较强。虽然目前针对中小企业的租赁服务逐渐增加，但对中小企业的资产、经营状况等方面有一些硬性要求。

金融租赁机构有一套严格的审核手续。首先，它们会对项目进行风险评估；其次，它们会判断项目的盈利能力；最后，它们会进行风险控制，部分租赁机构还会严格限制标的物的行业和应用领域。

6.1.3　留存盈余融资

留存盈余融资是企业进行内部融资的重要方式。对中小企业而言，收益分配主要包括发放股利和留存盈余。留存盈余融资其实就是在企业缴纳税款后，对税后利润进行再分配，留存的部分是企业可以直接调用的内部资金。税后利润的所有权属于企业的股东，股东选择将税后利润留存企业，也是追加投资的一种方式。

在进行留存盈余融资时，企业需要将股东利益最大化作为基本原则。如果股东无法通过留存盈余融资获得较高的收益，企业就应该将这部分盈余分配给股东。同样，当盈余已经满足企业所有投资需求时，企业也应该将剩余的部分分配给股东。在税后利润出现较大变动时，企业可以采取固定股利的措施，按照固定的比率进行利润分配。

留存盈余的核心在于确定留存比率。留存比率越高，意味着投资者的当期投资回报越低。如果企业将留存比率设置得过高，将难以让投资者相信企业的盈利水平，从而损害企业的财务形象，导致企业难以吸引外部融资。

在进行股利分配时，如果投资者获得现金，则需要缴纳个人所得税；如果获得股权，则只需缴纳千分之一的印花税。从这一角度出发，企业不能将留存比率设置得过低，因为投资者更倾向于少缴纳税款，将股息留在企业内部，扩大企业的产能。

从另外一个角度出发，中小企业如何妥善进行留存盈余融资，实际上与它们如何进行股利分配密切相关。一个恰当的股利分配策略不仅能够增强企业的资本积累能力，还能提升投资者对企业的信赖度，进而吸引更多的投资，为企业的稳健发展奠定坚实基础。

6.1.4　典当融资

典当融资，即中小企业通过在典当行质押或抵押资产，从而获得资金的融资方式。典当行是一种针对中小企业及个人设置的、从事放款业务的特殊金融机构。

它可以辅助银行，满足企业的短期资金需求。作为一种新型的融资方式，典当融资具有周期短、灵活度高、贷款额度小等特点，与中小企业的融资需求适配性较高，能在短时间内为企业提供资金。

不仅如此，与手续繁杂、审批周期长的银行贷款相比，典当融资不仅手续简便，而且不限制资金的用途，可以极大地提高资金使用率。其服务对象多为个人或中小企业，所以典当行并无信用要求，也未设置典当物品的最低价值，动产与不动产都可以进行质押。

银行融资产品较少，申请手续也较为烦琐，当企业无法通过抵押或担保的方式申请银行贷款时，典当融资是一种不错的选择。

6.1.5　高新技术融资

高新技术企业即在《国家重点支持的高新技术领域》范围内，以企业独有的知识产权为基础进行深度的生产、研发、经营活动，且注册时间满一年的民办企业。这些企业通常会受到国家的重视，享受全国或地方性的优惠政策。例如，在税收方面，高新技术企业的研发费用可用于抵减税款，且抵税比例显著高于非高新技术企业。

由于每一项高新技术都需要大量的资金支持，因此高新技术企业对资金有着更为迫切的需求。但高新技术企业的资产多为无形资产，难以用于抵押或质押贷款，因而利用国家政策进行高新技术融资，就成为许多高新技术企业的首要选择。

国家通过成立科技基金对高新技术企业进行扶持，而高新技术企业通过这种方式申请到的资金也是专项资金的一种，可以用于解决产品研发等技术问题。但是基金的申请对企业的专利数、科技成果等有着严格的要求，这些要求推动企业不断进行战略升级，使其成为名副其实的高新技术企业。

艾尔普则向我们展示了高新技术对资本的强烈吸引力。艾尔普是一家利用干细胞及再生医学技术治疗退行性疾病的生物科技公司，其核心技术是通过将体细胞诱导为干细胞，实现组织器官或人体细胞的再生。医学界的许多人都相信，这项技术能为再生医学带来巨大的变革，能够治愈那些被神经退行性疾病和心力衰竭疾病困扰的患者。

许多业内外的投资者都十分看好艾尔普在再生医学方向的发展前景，在创办满 3 年时，艾尔普就在 A 轮融资中获得了数千万元的资金。作为领投人的雍创资本十分看好艾尔普的发展前景，相信其未来将研发出更多具有创新性的产品。

后来，艾尔普成功利用干细胞再生技术治疗心力衰竭的临床试验刊登在《自然》杂志上，并完成了 A+ 轮融资，雍创资本、紫牛基金等老股东全部跟投，艾尔普共计获得 5000 万元资金。其创始人王嘉显表示，艾尔普将基于本次研究成果进一步为终末期心力衰竭患者提供治疗方案，融资获得的资金将用于优化制备技术，实现产品的批量化生产。

6.2 从 0 到 1 设计融资方案

无论何时，企业都要保证账面上有不少于 6 个月运营所需的储备资金。这样做有两个原因：一是企业只要账面上还有钱可以用，项目就不会中止；二是完成一轮融资，通常需要 6 个月的时间。的确，融资不是一蹴而就的事，通常要经历很多个环节，包括撰写商业计划书、筛选投资者、签署融资合同等。

6.2.1 思考：融资前要不要调整业务

创业者要有远大的理想，但在当前的市场环境下，很难在两三年内打造出下一个阿里巴巴。而对投资者来说，他们不喜欢投资业务线过于复杂的企业。如果企业开展了多元化的业务，投资者会倾向于从中选择一项或两项优势业务，要求企业放弃一部分原有业务，然后再投资。

放弃部分业务、保留有优势的主营业务对业务分散的企业来说是非常有必要的。投资者希望自己的钱花在有用的地方，可以很快看到效果，这就要求项目是细分的、聚焦的，这样企业才能集中资源主攻优势业务。那么，什么是细分的、聚焦的项目？

第一，项目规模小，只需要较少的人力、物力就可以启动。例如，一个由5个人组成的团队就能研发出一个App。5个人的具体分工为：一人为项目经理，负责所有工作的计划、协调和管理；一人为前端开发工程师，负责设计用户界面；一人为后端开发工程师，负责开发、维护和管理App的服务器；一人为移动开发工程师，负责开发App的客户端代码；一人为测试工程师，负责测试工作，包括功能测试、兼容性测试等。

第二，业务集中或者目标市场足够细分。这一点在线上和线下都是相通的，因为"盘子小"，所以足够灵活。细分、聚焦的企业更灵活，雷军的"七字诀"——专注、极致、口碑、快非常巧妙地说出了聚焦的真谛。因为只做一件事，所以企业会有更严格的标准。

很多企业面临的一个问题是业务发展得很慢，根本原因是业务不能切中用户的痛点。之所以会这样，与企业的业务太多、缺乏核心业务有关。在竞争激烈的市场环境中，企业若没有核心业务就很难被大众看到，也就无法获得独属于自己的市场。例如，苹果最初只生产一款手机产品，国美只专注于自身最有优势的家电业务等。

企业需要聚焦最有优势的业务，放弃那些占用较多资源、时间、人力成本的业务。如果企业计划融资，就应该先审视一下自身的业务，明确其是否需要调整。

6.2.2　撰写吸睛的商业计划书

商业计划书是创业者与投资者建立联系的载体。创业者需要一份优秀的商业计划书来展示企业的现状和未来发展潜力，从而激发投资者的兴趣；投资者需要借助商业计划书了解企业，并据此判断是否要为企业投资。

通常，一份完整的商业计划书主要包括 8 个要素，如图 6-1 所示。

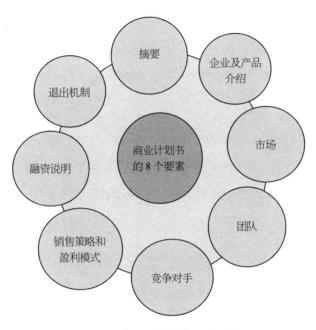

图 6-1　商业计划书的 8 个要素

要素一：摘要

一份好的商业计划书首先要展示的就是摘要。在摘要中，企业需要用简洁的语言把创业思路准确地表达出来，说明其可行性和实际价值，使投资者对项目产生兴趣。因此，摘要部分一定要精简，不能长篇大论。

要素二：企业及产品介绍

在这部分，企业要先向投资者介绍自己是做什么的、未来要做什么，让投资者对自己有一个大致的了解，然后再向投资者介绍产品，简洁明了地展示产品的特点和独特优势。在介绍过程中，企业要强调自己与众不同之处及核心竞争力所在，以吸引投资者并加深投资者的印象。

要素三：市场

在描述市场规模和容量时，保持客观和真实性至关重要。夸大其词或伪造数据不仅会损害企业的信誉，还可能失去投资者的信任。投资者往往是专业、精明的，他们能洞察到商业计划书中的夸大之处。此外，这一部分内容最好能体现出企业的独特优势和成长潜力。

要素四：团队

无论项目多么优秀，如果没有一个强大的团队作为支撑，都很难顺利发展。因此，企业需要在商业计划书中展示团队的能力和成长性。需要注意的是，介绍团队时企业应该把重心放在关键人物上，向投资者展示其履历、过往成就、曾参与的重大项目、股权比例等情况。

要素五：竞争对手

投资者在评估项目时，尤为关注企业在市场中的地位。因此，商业计划书的这部分内容应详尽阐述企业的主要竞争对手、市场地位、实力对比，以及在竞争中的独特优势。通过深入比较，企业可以凸显自己在产品、服务、市场策略等方面的差异化优势，从而增强投资者对企业的信心。

要素六：销售策略和盈利模式

在商业计划书中，对销售策略的阐述应涵盖目标市场定位、营销渠道选择、营销团队建设、宣传手段以及定价策略等多个方面。此外，企业还需要写明盈利模式，即使短期内无法盈利，也应展现清晰的盈利路径和预期。投资者往往更偏爱那些拥有明确的盈利模式和发展潜力的企业。

要素七：融资说明

企业的融资金额要根据实际需求而定，而且资金要用之有道，这样投资者才会认可、投资。因此，商业计划书中要说明融资金额、出让的股权份额、资金用途等重要内容。

要素八：退出机制

大多数投资者不会长期持有企业的股权，他们会选择一个恰当的时机退出，获取更大的利益。因此，商业计划书中应该有退出机制，包括但不限于股份回购、IPO（首次公开募股）上市、并购等，以展现企业对投资者长期利益的关注和保障。

除了内容，商业计划书的形式也很重要。企业可以先制作一个内容详尽、条理清晰的文字形式的商业计划书，然后再从中筛选出亮点，以 PPT 的形式展示给投资者，以便他们快速、直观地了解项目的核心要点。

6.2.3　筛选与接触投资者

在融资前，企业应明确自己需要什么样的投资者，然后根据筛选结果有针对性地和投资者接触，从而提高融资成功的概率。

1. 筛选投资者

投资者一般分为三类：财务型投资者、生态型投资者、控制型投资者。其中，财务型投资者希望通过投资获得收益，非常注重财务回报；生态型投资者希望通过投资弥补自己在某一领域的短板；控制型投资者希望获得企业的控制权，很可能会导致企业创始人被迫出局。

从企业独立性来讲，生态型投资者对企业的管控相对宽松，更利于创始人发挥自己的能力；财务型投资者次之；控制型投资者一般会对企业的发展方向产生较大影响。随着企业的发展，这三类投资者的类型可以互相转换。

某高端餐饮品牌的创始人为了获得投资者的投资，同意在投资条款中添加对赌协议：如果企业无法在两年内上市，投资者有权退出，创始人需要将投资款退回，并给予高额利息。在这一阶段，这个投资者就是财务型投资者。

受经济环境影响，创始人无法在约定的时间内让企业上市。为了支付投资者的投资款及利息，创始人不得不将股权低价出售给投资者，自己则被迫出局。在这一阶段，这个投资者则成为控制型投资者。

无独有偶，某电商企业创立 1 年后，获得 A 投资者 2000 万元的投资。受经济形势影响，融资难度加大，致使该企业以 8000 万元的价格出让 80% 的股权给 B 投资者。B 投资者为了尽快获得财务回报，分 3 次将股权全部转让给 C 机构。C 机构与该企业的创始团队及 A 投资者谈判后，得到了余下的 20% 股权，这导致创始团队出局。在这一案例中，B 投资者为财务型投资者，C 机构则为控制型投资者。

在利益面前，各方都不会做出让步，企业后续发展得如何，谁都无法预料。因此，企业在选择投资者时一定要理性、慎重。

2. 接触投资者

在创业者和投资者接触的过程中，谁占据主动地位，谁就拥有更多话语权。创业者如何与投资者接触才对自己更有利？有以下 5 个关键点。

（1）直接向投资者展示数据，然后详细解释这些数据。

（2）将接触时间控制在 1 小时左右。这段时间足够创业者和投资者交流、互动。在这段时间内，创业者可以把能吸引投资者的要点都展示出来。

（3）在被投资者拒绝之后，很多创业者都会寻求反馈，甚至有些过于执着的创业者还会与投资者争辩几句。鉴于此，大多数投资者都不愿意给创业者反馈，以防自己在无形中得罪了创业者。如果投资者拒绝投资，创业者可以尝试让其介绍一些其他的人脉资源。

（4）在与投资者谈判时，创业者可以适当地提一些比较敏感、比较专业的问题，在不破坏投资者好心情的前提下加深与投资者之间的交流，促使融资成功。

（5）即使接触失败，投资者拒绝投资，创业者也要做最后的争取。创业者可以找一个理由，与投资者再次见面。比如，产品近期有重大更新就是一个很好的理由。再比如，最近赢得了一个大客户或者战略上有重大调整都可以成为创业者与投资者再次见面的理由。总而言之，创业者要想方设法见到投资者，尽力争取一切融资机会，尽力挽回投资者。

6.2.4　配合投资者做尽职调查

投资者在审核过商业计划书并认为项目有比较大的发展潜力后，将会进行相关的尽职调查。尽职调查又称谨慎性调查，是投资者在与创业者达成初步合作意向后，双方协商一致，投资者对相关重要事项进行调查的一系列活动。尽职调查通常分为三个方面：业务尽职调查、财务尽职调查、法务尽职调查。

在尽职调查期间，为了维护双方的利益，创业者不得与其他投资者讨论投资事宜。此外，投资者还会派专人到企业内部进行调查。

如果尽职调查结果不理想，对投资者来说，除了可能会浪费时间和精力，通常不会受到太大影响，而创业者则会受到重创。一方面，团队士气会受到影响，员工的热情和积极性会大大降低；另一方面，企业名声会受损，不利于其继续开展融资工作。

尽职调查对融资是至关重要的。无论是对企业价值的评估，还是对企业未来发展前景的判断，都需要基于尽职调查的结果来进行，而不是盲目决定的。

6.2.5　签署融资合同

有些投资者一旦发现具有巨大发展潜力和丰厚回报的项目，便迫不及待地希望立即签署融资合同。对创业者而言，这无疑是一个令人欣喜的消息，因为它意味着可以节省大量用于路演和寻找其他投资者的时间和精力。如果双方在价格和条款上都能达成一致，那么签署合同的过程会更加顺利。

然而，在遇到这种情况时，创业者必须保持头脑清醒，谨慎对待签署融资合同这件事。虽然此刻与投资者的博弈似乎已接近尾声，但这恰恰是创业者需要擦亮双眼、仔细甄别合同中可能潜藏的问题的关键时刻，以免掉入陷阱。

创业者应当仔细审查融资合同中的关键条款，如估值条款、优先清算权条款、优先认购权条款、创始团队权利限制条款、回购权条款、领售权条款等。同时，与投资者明确资金到账的具体时间也是至关重要的。双方提前将一些核心问题明确地"摆在桌面上"，并将其纳入融资合同，体现了真正的契约精神。这种精神在商业世界中很重要，它确保了交易的公平性和透明度，为双方的长期合作奠定了坚实的基础。

6.2.6　为投资者设计退出机制

退出是企业发展到一定阶段后，投资者将自己的股权转化为资本而获得利润或减少损失的过程。退出不仅关系到投资者的收益，更体现了资本循环流动的特点。因此，退出方式的选择及操作显得尤为重要。投资者退出的方式主要有以下4种。

1. 上市

上市是投资者最理想的退出方式，可以实现投资回报最大化。企业上市后，股票可以在证券交易所自由交易，股东卖出股票即可获得丰厚的回报。然而，上市虽好，但是对企业的要求较为严格，手续比较烦琐，成本过高。大部分创业者都不会向投资者保证一定能上市，但投资者看准项目后往往愿意赌一把。

2. 股权转让

股权转让是指投资者将自己持有的股权和股东权益有偿转让给他人，从而实现股权变现的退出方式。根据股权交易主体不同，股权转让分为离岸股权交易和国内股权交易。

3. 回购

回购是指投资者通过企业回购股权或者管理层收购股权的方式退出。通常来说，回购的退出方式并不理想，只是确保在企业表现不佳时，投资者可以安全地撤回所投的资金。

4. 清算

创业者不希望自己的企业被清算，投资者也不希望。因为企业被清算，通常意味着投资者能够获得的回报将大打折扣。在理想情况下，无论是创业者还是投资者，都更加期望通过企业成功上市、股权转让等渠道实现资本的增值。然而，当企业遭遇经营失败或其他不可抗力因素导致上市、股权转让等退出路径无法实现时，投资者便只能通过清算这一方式退出。

向投资者阐明退出机制相当于给他们吃了一颗"定心丸"，投资者也能因此了解创业者的思虑是比较长远的，投资时会更有安全感。

6.2.7　跟着 Oculus 学习高效融资的技巧

关于公司何时进行融资，并没有一定之规。然而，创业者可以根据一些关键节点来明确融资阶段。下面以 Oculus 的 VR 项目为例，讲述如何通过产品和业务发展来确定融资的关键节点。

Oculus 联合创始人帕尔默·洛基（Palmer Luckey）和许多硅谷财富神话的主角一样，都选择了中途辍学，在艰苦的环境中创业。

Oculus 成立之初，帕尔默·洛基独自承担了所有的工作。直到布伦丹·艾里布（Brendan Iribe）和迈克·安东诺夫（Mike Antonov）加入，团队才初具雏形。迈克·安东诺夫担任首席软件架构师，布伦丹·艾里布担任首席执行官，而帕尔默·洛基则卸下管理重任，将全部精力投入 VR 项目。

在 Kickstarter 众筹平台上，帕尔默·洛基发布了 VR 项目，其核心是一款专为 VR 游戏设计的设备。Oculus 彻底改变了玩家对游戏的认识，迅速获得了近万名用户的支持。最终，Oculus 筹集到的资金超出了预期目标 25 万美元近 10 倍，证明了市场对 Oculus 项目的认可和信心。

此轮融资是 Oculus 的天使轮融资。在这一阶段，Oculus 具有以下两个特征：产品已具备初步形态，可向投资者展示；已具备初步的商业模式，但可行性有待验证。

随后，Oculus 完成了 1600 万美元的 A 轮融资，投资方包括经纬创投、星火资本等。此时，Oculus 的产品已经成熟，拥有完整、详细的商业模式及盈利模式，并在行业内获得了一定的地位和口碑。

借助 A 轮融资获得的资金，Oculus 成功推出了首款 VR 产品——VR 头盔，限量版和普通版的定价分别为 300 美元和 275 美元。VR 头盔在 E3 大展（电子娱乐展览会）上获得了"年度最佳游戏硬件"的提名。

与此同时，Oculus 还与多家企业合作，共同研发支持 VR 头盔的游戏、演示版游戏以及 SDK（软件开发工具包）。无论从 SDK 的稳定性还是游戏的易用性来看，Oculus 在软硬件方面都取得了显著的成就。

在 B 轮融资中，Oculus 获得了高达 7500 万美元的资金，领投方为 a16z。此轮融资之后，a16z 的创始人迈克·安德森（Mark Andreessen）加入了 Oculus 的董事会。

利用 A 轮融资获得的资金，Oculus 快速发展并获得盈利。在 B 轮融资后，Oculus 推出新业务，不断拓展新领域。

B 轮融资之后，Oculus 接受了 Facebook 的收购，交易额为 20 亿美元，其中包括 4 亿美元现金以及 2310 万股 Facebook 股票。按照当时的平均收盘价 69.35

美元计算，这些股票价值 16 亿美元。Facebook 和 Oculus 都表示，此次收购不会影响 Oculus 原来的发展计划。

Oculus 被高价收购，意味着其 VR 项目取得了成功。通常来说，商业模式较为成熟、盈利较多的企业的最终目标是上市，因此它们往往会继续进行 C 轮、D 轮、E 轮等后续轮次的融资。通过融资，这些企业可以拓展新业务、打造商业闭环。

6.3 关于融资的 3 个核心问题

融资是一个比较漫长的过程，而且通常会涉及很多复杂、烦琐的问题，如越早融资对企业是不是越有利、融资金额是不是越高越好、如何应对重大决策等。如果这些问题得不到妥善解决，那么就会对企业产生非常大的影响。

6.3.1 越早融资对企业是不是越有利

一些盈利状况很好的企业认为自己资金充裕，不急于融资，这种想法是不对的。企业应当在盈利时就考虑融资，否则，等到急需用钱时才开始融资就为时晚矣。因此，对企业来说，越早进行融资，对企业的长远发展越有利。

某移动电商平台以"礼物攻略"为核心，搜罗时下潮流的礼物和送礼物的方法，为用户推荐热门礼物，用户也可以在平台上下单。该企业 A 轮融资获得 300 万美元的资金，B 轮融资获得顶级知名投资机构 3000 万美元的资金，企业估值超过 2 亿美元，后来又顺利完成几千万美元的 C 轮融资。

该平台创始人一直坚守一条定律：不能等到缺钱时再融资，一定要提前 6 个月进行下一轮融资。他认为这样做不仅可以保证企业在短时间内无生存压力，而且可以集中精力研发产品，使企业在后续融资中获得高估值。

在企业的初创阶段，融资的时长和结果都充满了不确定性，有时融资过程可能会非常顺利，而有时则可能遇到各种挑战。因此，创业者需要预留充足的融资时间，确保在关键时刻能够及时获得所需的资金。

6.3.2 融资金额是不是越高越好

在融资过程中，有些企业盲目地追求高额融资，希望投资者给自己更多资金。这种做法是不正确的。

首先，高额融资可能会导致企业的估值虚高。当投资者对企业投入大量资金时，往往会对企业的估值产生一定的推升作用。然而，这种估值的推升并不一定基于企业的实际业绩和未来发展潜力。如果企业的实际表现无法匹配高估值，那么未来融资或上市时可能会面临一些困难。

其次，高额融资还可能会对企业的股权结构产生影响。当企业获得大量资金时，往往需要出让更多的股权以吸引投资者。这可能导致企业的创始人或管理团队在决策时失去一定的话语权，进而影响企业的战略方向和未来发展。

专业的投资者或正规的投资机构都有一套投资体系，无论是估值，还是融资金额，都是有依据的。企业如果盲目地追求高额融资，很容易吸引一些动机不纯的投资者或投资机构，因为通常只有他们才有可能满足企业者不合理的融资需求。因此，融资金额应根据企业的实际发展情况而定，而不是盲目地追求高额融资。

6.3.3 如何应对重大决策

企业刚创立时，企业的重大决策往往由创始人做出，其他成员的意见大多只起到参考作用。随着投资者的加入，企业需要依法设立董事会和股东会。董事会对股东会负责，负责企业的日常经营事务。而股东会由全体股东构成，是企业的权力机构。

当企业需要做出重大决策时，董事会和股东会就会发挥作用，董事会决议的表决通常实行一人一票制，而股东会则由股东按照出资比例行使表决权。作为董事会和股东会的成员，董事和股东都拥有重大决策参与权，此项权利具体表现在以下几个方面。

（1）参加股东会的权利及表决权。

（2）提议召开临时股东会会议权。

（3）召集和主持股东会会议权。

（4）股东临时提案权。

（5）股东累积投票权。

（6）股东召开董事会临时会议提议权。

（7）参与清算的权利。

无论是董事会还是股东会，在企业进行重大决策时都需要投票表决。从规范企业经营与管理的层面来看，在做出重大决策时投票表决对企业来说是有益的。

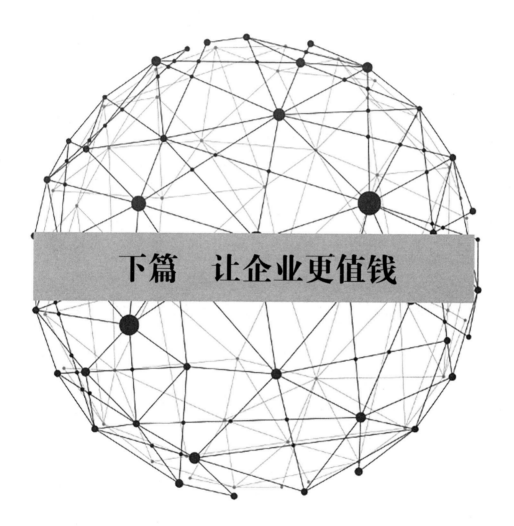

下篇　让企业更值钱

7 第7章
品牌 IP 化：赋予品牌超级变现力

"知识产权（IP）"一词最早于17世纪中叶由法国学者卡普佐夫提出。后来，比利时著名法学家皮卡第将其定义为"一切来自知识活动的权利"。1967年，《世界知识产权组织公约》签订后，这个词才逐渐为国际社会所普遍使用。

如今，随着市场年轻化和消费者需求的不断变化，越来越多的知名IP正在逐渐抢占用户的心智。这些IP以独特的魅力和吸引力，成为品牌人格化发展的重要支撑。因此，许多企业开始积极打造自己的IP，希望能够赋予品牌一个良好、有吸引力的形象，为品牌的人格化发展奠定坚实的基础，从而进一步提升品牌的变现能力。

7.1 什么是品牌 IP 化

随着"IP"这个概念的广泛传播，很多企业将IP与打造品牌相结合，深入挖掘IP的商业价值，品牌IP化逐渐成为企业打造和推广品牌的一种新玩法。品牌IP化不仅可以提升品牌的辨识度，还可以加强企业与用户之间的连接，让企业变得更有价值。

7.1.1 品牌和 IP 有什么区别

品牌和 IP 都是商业领域中非常重要的概念，它们之间既有联系，也有区别。

具体来说，品牌和 IP 都是企业和用户共同塑造价值、相互赋能的结果，都代表着一种价值观、一种文化或者一种情感寄托，能够吸引并维系用户。

那么，品牌与 IP 又有什么区别呢？

简单来说，品牌是以产品为基础，但高于产品，并通过符号化来区隔竞争者的符号。品牌价值主要体现在用户价值（如功能、质量、价值，也可称为品质、品牌、品位）和自我价值（如知名度、美誉度、忠诚度）上，而且它的价值主要来自外部市场。

IP 则以内容为基础，更注重文化和情感的传递，通过文字、图像、音频、视频等多种形式的内容与用户建立情感连接。离开了内容，IP 就失去了生命力。

品牌是垂直作用力，品牌定位就是锚定某个品类或产品，越往下延伸，锚定力越弱；IP 是水平作用力，以内容锚定某种人格，尤其是超级 IP，具有很强的跨界能力，历久弥新。不是所有的品牌都是 IP，品牌可以被转化为 IP，IP 是品牌进化的高级阶段。

例如，耐克与乔丹的联名款鞋子 AJ（AIR JORDAN）就是一个 IP，它因有球星乔丹的名字而具有人格化特征，自带流量，可以完成自传播。

再如，可口可乐已经成为某种社交货币，完成了从优势品牌到超级 IP 的跨越。可口可乐通过笑脸包装、表情海报、昵称瓶等年轻人喜欢的方式，成功打造了品牌的人格化特征。可口可乐赞助综艺节目《美国偶像》，体现了对梦想追求者的支持，在互联网引起了广泛关注和讨论，从而完成了从品牌到 IP 的转化。

与品牌相比，IP 具有良好的粉丝基础，有强大的流量入口，可以快速引发社交裂变，并能在短时间衍生出巨大的购买力。它不再仅限于一个文创角色，而是类型非常广泛，包含动漫游戏、艺术文创、文学、影视综艺、明星名人、知名品牌、教育、体育赛事等受大众喜爱的类别。

IP 的价值，源自其深厚的内涵和时间的沉淀。这种价值并非一蹴而就，而是经过长时间的打磨和积累逐渐形成的。优秀的 IP，不仅需要具备独特的创意和故事情节，还需要拥有深入人心的角色塑造和丰富的文化内涵。

随着时间的推移，优秀的 IP 会不断地进行内容创新和价值挖掘，从而吸引更多的粉丝和观众。这种持续的创新和沉淀，使得 IP 的价值不断提升，并逐渐形成一种独特的文化现象。例如，一些经典的动画 IP，如黑猫警长、葫芦娃等，经过几十年的沉淀和积累，已经成为我国文化的一部分，深受人们的喜爱。

7.1.2　如何正确理解品牌 IP 化

所谓品牌 IP 化，是企业通过内容输出、事件营销等方式，提高品牌影响力和产品的市场认可度。其本质是一种信任机制，企业通常会通过这种信任机制向用户展示自己的综合实力，降低用户的选择成本，吸引用户购买产品。

某主题咖啡店，主要面向喜欢泰迪熊的受众群体。它开辟了一条独特的 IP 联动营销路线，充分挖掘品牌 IP 化的价值，在一年内成长为行业内的销售先锋。

许多卖场的中央都会布置一个硕大的泰迪熊展台，其中陈列着大小不一的泰迪熊。当消费者走进这个满是泰迪熊的场所时，会被这些泰迪熊吸引，与它们合影或者购买相关产品。成功付款后，消费者会收到一张该咖啡店的咖啡赠饮券。这看似不经意的引导其实是品牌 IP 化的延伸，它可以直接将受众引流到该咖啡店，营销效果十分显著。

这家咖啡店的创始人将泰迪熊摆放在卖场、车展、著名楼盘中，吸引了大量的消费者前来体验。消费者来到咖啡店后，会拍照并分享到朋友圈，为咖啡店吸引了很多粉丝。这种做法不仅帮助这家咖啡店节省了宣传和推广费用，提高了咖啡与泰迪熊的销量，还帮助它获得了与车展商、房地产商合作的机会。

在品牌 IP 化方面，企业还可以开发与众不同的吉祥物，这些吉祥物其实就是品牌的 IP。用户会在吉祥物的引导下消费，比如，麦当劳、肯德基推出的吉祥物套餐，受到多年龄段用户的好评，带动了汉堡、薯条等其他产品的销量。

现在是粉丝经济时代，用户不仅重视产品的质量、服务、价格，还很在意产品的流行程度。在这样的时代，品牌 IP 化可以有效吸引用户的目光，帮助企业提高用户忠诚度。而那些没有重视品牌 IP 化的企业，很可能会被市场淘汰。

7.1.3　植入 IP ≠ 品牌 IP 化

如今，相较于投入大量的时间与成本打造自己的 IP 品牌，植入 IP 被许多企业视为实现品牌IP化的一条捷径。实际上，直接植入IP对实现品牌IP化并无帮助，与其说它是一条捷径，不如说它是一种有效提升产品知名度的手段，而且只有运用得当才会产生IP化效果。

备受瞩目的动画 IP 小猪佩奇与全球多家顶级品牌达成合作，衍生品涵盖食品、服饰、电影、主题公园、教育等诸多领域，获得了极高的曝光度，利润也随之飙升。

当前，很多企业都希望通过建立合作关系的方式，实现产品销量的大幅提升，但在此之前还有许多问题值得我们思考。对那些实力强大的品牌而言，植入 IP 可以增强产品的趣味性、互动性和传播性，提升品牌的价值。然而，对那些基础还不稳固的品牌而言，投入大量资金购买知名IP的使用权，只会提升 IP 的影响力，很难实现流量"反哺"。

另外，一些企业看到明星效应可以为品牌带来巨大流量，便希望通过赞助、冠名等 IP 植入的方式提升品牌的影响力。但合作产生的流量、话题其实与品牌并无关联，无法将流量真正转化为品牌价值。企业只有根据影视情节、综艺节目等主动发起话题，将内容与产品有效结合，才能不引起用户的反感。只有这样，才能真正让 IP 为品牌服务，真正实现品牌 IP 化。

7.1.4　IP 要先有文化价值和情感价值

陈格雷曾经说过："任何一个 IP，一定要先有文化价值，即先拥有打动人心的情感价值，然后才值得人们去探讨其商业价值。"

IP 的商业价值，实际上蕴含在其文化价值和情感价值之中。如果企业按照标准化流程打造 IP，非常容易出现情感缺失，难以引起用户的共鸣。因此，想要打造拥有文化价值的品牌 IP，企业首先需要找到品牌的文化母体，并以此为依托构建品牌的世界观。

很多人认为，只有自媒体才能打造出拥有文化价值的品牌 IP，因为他们可以通过内容构建全面的 IP 世界观。实际上，通过内容营销也可以达到同样的效果。某美妆品牌曾经凭借一篇为母亲节设计的长文案实现了裂变式传播，成为当年最具影响力的现象级刷屏事件。

该文案以民国时期的上海滩为背景，以身穿精致旗袍的女特工为主角，为用户再现旧上海的风情。文案的结尾，女特工开枪引出此次营销的主题——"与时间作对"，引发了用户的情感共鸣，让用户产生了无限的联想。

文案中的复古元素迎合了用户的怀旧情结，加深了用户对该美妆品牌的印象和好感。此外，该美妆品牌还将"呵护肌肤、滋养心灵"作为情感基调，持续输出大量有文艺气息的高质量内容，进一步展现了其文化底蕴，成功打造了一个拥有文化价值的 IP。

IP 是储存文化和情感的容器。其中，文化针对整个群体，情感则具有较强的个体性。每一个具有影响力的 IP，都具有较强的时代性，符合该时代人们的情感特征。企业可以利用这一特点，为 IP 注入文化价值和情感价值，从而打造拥有文化价值的 IP，实现品牌 IP 化。

7.2 品牌 IP 化的四维结构

很多企业已经意识到品牌 IP 化的重要性，也在积极探索品牌 IP 化之道。但要实现品牌 IP 化，企业还需要了解品牌 IP 化的四维结构，即原点、主体层、识别层、表达层。

7.2.1 原点：世界观让品牌有"灵魂"

品牌是一种无形的、有情感价值的、富有号召力的象征，是企业核心理念的体现，品牌 IP 化始于创始人精心塑造的世界观。而世界观的塑造应贯穿品牌战略、品牌定位、核心价值观、内容建设、品牌推广等许多方面。

很多人对星巴克并不陌生，从事传统零售行业的星巴克为什么能在激烈的市场竞争中保持自己的优势并实现利润增长？答案就是用户认同星巴克的世界观。

星巴克董事长舒尔茨曾说："星巴克卖的不是咖啡，而是服务和体验。"这是星巴克从一个普通的咖啡店变成一个文化象征的重要转折点。星巴克是一种"奢侈的民主化"，其咖啡的绝对价值并不高，但它象征着精致，代表了大都市中上阶层的生活方式。

之所以要从企业的角度确立并传播世界观，是因为对用户而言，持续地认同品牌需要建立在认同企业价值观的基础之上。这也是很多品牌的价值观最后会变成企业的核心价值观的原因。

品牌的世界观不一定要通过用户对产品的直接体验建立，也可以在进行品牌传播时，让所有关注产品的用户都能感受到并认同品牌的世界观。很多人认为，华为手机比其他国产手机要好，就是因为华为这个品牌所蕴含的爱国情怀得到了用户的认可，但是认可华为的用户并非都体验过其产品。

海尔创立的初衷是"真诚到永远"，这样的价值理念赢得了用户的广泛信赖，使其在用户心中留下了"海尔的产品质量好"这一印象。

只有品牌的世界观被用户真正认同，并持续进行传播和强化，品牌才能真正被用户接纳和喜爱，这也标志着品牌 IP 化之路正式开启。

7.2.2　主体层：为品牌打造人设

美国社会学家、符号互动论的代表人物欧文·戈夫曼（Erving Goffman）在《日常生活中的自我呈现》一书中提到，整个社会是一个巨大的舞台，每个个体都是身在其中的演员。欧文·戈夫曼还提到，社会中的个体都在不断地寻找与自己相契合的符号，并试图突破既有符号的约束，塑造更鲜活的角色和形象。

这可以形象地阐明个人或品牌打造人设的底层逻辑——每个人或品牌都试图通过某些形象输出打造人设，进而展现自身的特点和魅力。

新生代用户更喜欢有个性、有温度、无距离、能互动的品牌，而人设则通过赋予品牌人格化特征的方式满足了用户的这些需求。通过打造人设、赋予品牌人格化特征，品牌可以更好地与用户建立情感连接，让用户感受到品牌是有温度、有个性的。

为品牌打造人设的一个重要前提是品牌要"说人话"，要有人的情感特征，要让用户产生亲近感。凡是近几年市场表现不错的品牌，几乎都是能放下架子、与用户打成一片的品牌。"说人话"要求企业不要"打官腔"，而是将自己当作有血有肉的"人"，不要害怕暴露缺点，有缺点的品牌才更真实。例如，Kindle青春版新品的广告语是："盖 Kindle，面更香"。这句广告语体现了打造品牌人设很重要的一点——品牌情商。

一流企业卖产品，超一流企业卖品牌人设。例如，可口可乐被戏称为"肥宅快乐水"、**KEEP** 被打趣为"鸡胸肉推销员"……通过打造独特的人设，品牌使其特色和优势能够被用户深刻地记住，从而在市场竞争中树立差异化的品牌形象。

人设也能拉近品牌和用户之间的距离。故宫博物院原院长单霁翔用"雍正比剪刀手"的动画，使得曾经在金銮殿上高高在上的皇帝显得平易近人。他为故宫打造了"萌态可掬"的人设，以"卖萌"的姿态颠覆了大众的认知，通过调皮的画风、跨界合作、推出周边产品等年轻化的营销方式，让这个 600 多岁的"老古董"一跃成为新晋网红，走起了"接地气"的路线。

人设在当下品牌营销中的作用不言而喻。打造人设，除抢占用户心智外，还顺应了移动社交媒体的变化及由此带来的受众群体接受习惯的变化。比如，江小白的人设就是热爱生活、"闷骚"的文艺青年——像你多年的老友，懂得你的情感诉求，在你孤独、失意时做你的精神伴侣。

如今这个时代，打造人设是品牌营销的重要一环。很多创始人借助自身的热度和影响力成为品牌的代言人，为企业发声、为品牌代言。例如，在2023年"618"购物节期间，很多企业创始人纷纷亮相直播间为品牌代言，进行直播带货。

社交网络为企业的推广提供了宽广的通道。企业只有打造品牌人设，才能给用户留下深刻的印象，实现软着陆。要想打造合适的品牌人设，建立清晰的品牌原型是必不可少的步骤，具体可以从以下几个方面进行说明。

（1）企业要明确品牌由谁创立、创立的目的，以及品牌曾经的优势。这些是品牌和用户之间建立情感纽带，促使用户主动想起品牌、谈论品牌、追随品牌的关键。

（2）企业要明确品牌是高度参与类型还是低度参与类型，产品类型是大众化的还是小众化的，产品的主要功能或价值能否广泛传播，以及品牌的独特价值和优势是什么。

（3）差异化是企业竞争的核心所在。企业要明确品牌的差异化价值在品牌形象、产品、视觉效果及门店体验等方面有哪些具体化呈现，并让用户感知这些要素。

（4）对用户的深刻理解也是打造品牌人设的关键。虽然很多品牌都声称了解它们的用户，事实上，许多品牌都是基于自己的臆想来设计和生产产品的，缺乏对用户需求的深入洞察。

（5）打造品牌人设是一项长期的工作。无论是短期的促销活动、产品改革还是产品线扩张，都是在强化或培养品牌在消费者心中的意义。企业需要认识到，每一个市场行为都是对品牌的推广和传播，因此要慎重考虑并保持一致性。

7.2.3　识别层：独特标签会加速品牌传播

在这个信息爆炸的时代，很多好的内容被淹没在信息的海洋里。用户可能记不住内容本身，却能记住看过内容后的感受，而这种感受就是用户给品牌贴的"标签"。贴标签是让用户快速认同品牌的一种营销手段，一个有标签的企业与一个没有标签的企业之间最大的区别，就是用户的辨识度与认可度不同。

企业可以从以下 3 个方面出发，打造与众不同的标签，如图 7-1 所示。

图 7-1　打造标签的 3 个方面

1. 个性化

如今，用户在选购产品时，越来越注重精神感受，消费需求的个性化和多样化趋势日益明显。因此，企业在打造标签时，要突出品牌的个性化，相较于竞品，要有自己独特的特点。品牌个性是品牌形象的一个重要组成部分，鲜明的品牌个性能让产品在消费者心里留下深刻的印象，这对品牌形象的塑造是十分有利的。

2. 简约化

在信息爆炸的时代，用户接触过很多产品，对产品的营销广告已经产生不了兴趣了。他们不会产生很多关于品牌的记忆点，最多只会记住几个关键词。因此，品牌的标签要尽可能地简约，关键词越少，越有助于用户记忆品牌。例如，"农夫山泉有点甜"和"大自然的搬运工"直观明了地体现了农夫山泉水质好、来源于大自然，而非人工制造的特点。

3. 实用化

打造品牌标签需要挖掘品牌的特点，挑选出最有竞争优势的一项，并将侧重点放在该项上，从而抢占用户心智。企业可以从产品的使用感受入手，言简意赅地展现产品的功效。以洗发水为例，海飞丝主打去屑，飘柔主打修护，沙宣则突出自己的专业性。

企业也可以通过目标用户的具体需求来确定品牌标签。一个与众不同的标签有助于品牌获得用户的了解和认同。

如今，标签的价值可能已经超越产品，甚至品牌本身，成为提升企业竞争力的核心要素。标签是对外传播的旗帜，也是用户认识品牌最快的媒介之一。对企业来说，一个与众不同的标签，可以更好地帮助品牌实现 IP 化。

7.2.4 表达层：品牌 IP 化的病毒式传播

病毒式传播是指让品牌像"病毒"一样快速传播和扩散。病毒式传播的主要方式是"让用户告诉用户"，即通过提供有价值的产品或服务，利用群体之间的相关性，让用户将品牌主动分享给其他人，以达到宣传的目的。

如今，病毒式传播已经成为很多企业进行品牌推广的常用方式之一。想要实现病毒式传播，企业应遵循以下 4 个步骤，如图 7-2 所示。

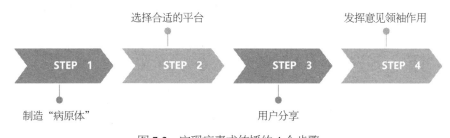

图 7-2　实现病毒式传播的 4 个步骤

1. 制造"病原体"

制造"病原体"，也就是制造热点话题。热点话题必须有足够的吸引力，能够引起用户的情感共鸣。企业要根据品牌的特点，合理选择视频、文字、图片等形式传播"病原体"。在传播过程中，企业还可以添加品牌信息，以加深用户对品牌的印象。

不仅如此，"病原体"还要做到新颖、不老套、通俗易懂、郎朗上口、有艺术感染力，这样可以有效提升用户的愉悦感，使品牌更具吸引力。

2. 选择合适的平台

想要实现病毒式传播，一个合适的平台是必不可少的。合适的平台可以使原本不起眼的话题受到大众关注，从而实现广泛传播。如果平台选得不好，即使话题传播的潜力很大，也不会产生很大的影响力。

大多数企业会选择比较流行或比较权威的社交平台，如微博、微信、小红书、抖音等。但要注意，选择的平台要与品牌的特性和风格以及目标用户的定位相契合，这样才能更快地吸引用户，把品牌推广出去。

3. 用户分享

用户分享是病毒式传播的核心环节，也是病毒式传播的根本。促使用户主动分享有两种常用的方式：一是对产品进行升级或者增添新的功能；二是先针对那些信息接收速度快、传播能力强的用户进行宣传，再通过他们进行更大范围的病毒式传播。

在这个过程中，分享链接是用户分享、进行二次传播的关键。企业应该提供一个信息全面、简单明了的链接，让用户可以更顺畅地进行分享。

4. 发挥意见领袖作用

在病毒式传播中，意见领袖的作用不容忽视。意见领袖通常是行业内权威、有影响力的"大咖"，如果能得到他们的认可或推广，传播效果会得到极大的提升。

病毒式传播就像滚雪球。在初始阶段，可能只有少数人知道或接触到品牌信息，一旦这些人对品牌产生好感，就会像滚雪球一样，不断累积并滚动下去。

为了实现病毒式传播，企业要想方设法让用户触及品牌。例如，企业可以在微博、微信等渠道投放广告，并在线下同步开展营销活动，通过多种方式推广品牌。

7.3 如何实现品牌 IP 化

实现品牌 IP 化的方法有很多，涌现的成功案例也有很多。不过，很多企业虽然强调品牌 IP 化，但采取的措施常常无法深入用户的心智，只是在过度消耗品牌已有的能量。对这些企业来说，找到实现品牌 IP 化的正确方法才是当务之急。

7.3.1 精准定位，打造差异化优势

很多人一提到去屑功能的洗发水就会想到海飞丝，一提到安全的汽车就会想到沃尔沃。这些品牌之所以有如此高的辨识度，是因为它们利用差异化的定位，率先抢占了用户的心智，深深根植于用户心中，成为细分领域的翘楚。

品牌差异化定位的核心是将产品的核心优势或个性化差异转化为品牌的独特价值，以满足用户的个性化需求。成功的品牌往往有独特的定位，能够打造差异化的竞争优势。

假设你想开一家咖啡店，目标是在星巴克和蓝山咖啡绝对压制的市场中开辟一块属于自己的领地，你应该怎么做？绿山咖啡给出了一种很好的思路。

绿山咖啡的股价一度超越星巴克，秘诀就在于其拥有一款叫作"K 杯"的专利产品。这是一个外表像纸杯的容器，容器内部有一个纸杯状的渗透装置，容器上方有铝箔盖封口，防止咖啡的香气逸散。将 K 杯放入配套的 Keurig 单杯咖啡机后，轻按按钮，就会有热水通过加压注水管进入滤杯。咖啡机会精确控制水量、水温、压力等，快速制作出一杯口感香醇的咖啡。

不用称量、手磨、清洗咖啡豆，用 K 杯制作咖啡比用传统咖啡机更方便，咖啡香味也更浓郁，但价格只有星巴克的 1/10。绿山咖啡的产品得到广大白领的好评，其约 1/3 的销售收入都来自办公室白领。

在咖啡零售领域，星巴克的分店早已开遍全世界，但绿山咖啡凭借差异化的定位，同样成为咖啡领域的一大品牌。由此可见，打造品牌最重要的不是超越竞争对手，而是在某一特定领域或方面做到极致，成为佼佼者。

放大镜之所以能点火，是因为它是凸透镜，能够将平行的太阳光线聚焦到一点，通过集中能量点燃焦点处的易燃物。同理，企业在打造品牌时，也需要聚焦思维。具体而言，企业需要对品牌进行差异化定位，聚焦于某一特质或优势，打造一个与众不同的品牌形象，通过差异化策略使之成为某个品类的第一。

7.3.2 双品牌 + 双 IP 强强合作

究竟是乔布斯成就了苹果，还是苹果成就了乔布斯？很多人都曾思考过这个问题。换句话说，这个问题可以延伸为创始人个人 IP 和企业品牌哪个更重要。其实，创始人个人 IP 和企业品牌都很重要，创始人个人 IP 是企业品牌的重要组成部分，而企业品牌则是企业竞争力的体现。

因此，企业可以进行双品牌建设，将创始人个人 IP 与企业品牌绑定在一起，使它们相互配合，充分发挥品牌价值的作用，以达到最好的传播效果。创始人个人 IP 与企业品牌的配合主要有以下两种方式。

1. 以创始人个人 IP 为主、以企业品牌为辅

一些企业在经营过程中以发展创始人个人 IP 为主，通过创始人的热度带动企业发展。创始人将自己的个人 IP 发展壮大并不困难，但强大到足以支撑企业品牌的发展，并不是一件简单的事。这不仅需要庞大的流量支持，还需要创始人个人有很强的综合实力。

2. 以企业品牌为主、以创始人个人 IP 为辅

一些企业在经营过程中以发展企业品牌为主，创始人个人 IP 则在经营中起着对企业品牌有效补充的作用。这种类型的企业较多，如雷军和小米、李彦宏和百度等。

当采取以企业品牌为主、以创始人个人 IP 为辅的经营模式时，创始人需要做好两点：一是保持企业品牌的价值观与风格一致，二者不能相悖；二是保持真诚的态度，拉近与用户之间的距离，增强品牌的吸引力与亲和力。

例如，雷军对个人 IP 的经营就取得了显著的成效。他在各种网络平台上与粉丝互动，经常帮助粉丝解决产品使用过程中遇到的问题。他的现场演讲风格亲切、自然，就像一位和蔼的长者或贴心的朋友。因此，很多人被他的个人魅力吸

引，成为他的粉丝。

此外，小米的产品拥有超高性价比。因此，即使是对小米及雷军本人没有太多了解的普通用户，也愿意购买其产品。

创始人个人 IP 与企业品牌相互结合、相辅相成、共同发展，是最理想的状态。如果只强调企业品牌的作用，则会使企业缺乏人情味，无法拉近企业与用户之间的距离；而如果过分强调创始人个人 IP 的影响力，创始人个人 IP 则有可能反噬企业品牌。

如何把握二者之间的平衡，需要企业在实践过程中根据自身特质和经营情况进行细致考量和灵活调整。

7.3.3　案例分析

说起白酒，你首先想到的场景是什么？宴会？聚会？庆祝？……当其他白酒品牌仍然坚守着"严肃的、正式的社交属性产品"的定位时，江小白却以独特的人设快速出圈。江小白瞄准 80 后、90 后年轻消费群体，通过多元化的手段，塑造了一个立体化、人格化的品牌形象。江小白还将自身的人设与故事化的文案融合，使品牌形象深入用户的内心。用户在购买产品的同时，可以感受到品牌所传递的情感。

许多人把江小白成功的原因归结为擅长营销，其实这只是表象。江小白之所以在白酒行业迅速崛起并成为白酒行业的革新者与颠覆者，本质上是把握并满足了用户的情感需求。

在产品上，江小白选择了口感柔和、酒体纯净、小曲清香的高粱酒作为酒体。

在度数上，实现低度化。低度化是江小白对白酒年轻化所做的第一个尝试，使白酒更符合年轻人的口味。第二个尝试是推出拟人化的品牌形象，并以漫画的形式拉近了与用户的距离。

在理念上，无论是品牌设计还是营销推广，江小白都坚持"简单"这一核心理念。江小白的包装设计，只是简单地在裸瓶上印上一个动漫形象和几句语录。此举不仅为其节省了 20% 的成本，还给用户留下了深刻的印象。

在销售渠道上，江小白深耕重庆市场。重庆是一座白酒文化历史悠久的城市，也是江小白成长的摇篮。江小白采取精细化策略，在地铁、灯箱、公交车上打广告，快速打造品牌记忆点，提升品牌知名度和影响力。

在终端铺货时，江小白别出心裁，免费给餐馆提供印有江小白广告的纸巾盒、灯箱、海报等产品。

在营销上，江小白的营销主阵地是微博。江小白运用简洁且能引发用户情感共鸣的文案，凭借免费的社交媒体平台进行营销宣传。这些文案关乎友情、爱情，直击人心，让用户感同身受，仿佛江小白是他们生活中的一位知己，能够深刻理解他们的情感和心境。通过这种方式，江小白与用户之间建立了深厚的情感连接，同时也打开了流量的阀门，在市场中获得了广泛的关注和认可。

在私域流量上，江小白策划了"遇见江小白"网上互动活动以及一年一度的"约酒"活动，把都市青年群体从虚拟社交拉回到现实，促使他们进行面对面的交流互动。在这样的场合中，喝酒成为活跃气氛的工具，拉近了人与人之间的距离。

在每年一度"约酒大会"活动的基础上，江小白的粉丝自发成立了"江小白朋友会"。那些因江小白而结识的粉丝聚集起来，以酒为媒介，交流工作和生活，分享人生故事，畅谈理想，探索人生的无限可能。目前，"江小白朋友会"已在北京、深圳、郑州、重庆、成都等 20 多个城市组建了分会。

江小白的小瓶装和轻口味，让它的群体更加细分。为了打开更大的市场，江小白曾致力于解决消费场景单一的问题。

针对女性消费者，江小白推出了水蜜桃、苹果等口味的果酒，主打低度、高颜值。为了推广调饮概念，江小白联合娃哈哈推出了"冰红茶柠檬味茶饮料"和

"青梅陈皮植物饮品"两种罐装饮料。

总的来说，品牌具备创新精神固然重要，但持续创新更难能可贵。作为一个面向年轻人的品牌，江小白需要持续为品牌注入新鲜血液，这样才能不被年轻人抛弃。

8 第 8 章
股权分配：优化资本利益体系

股权对创业者来说十分重要。如果创业者不重视股权，导致自己的股权被稀释到一个比较低的水平，就很容易失去对企业的控制权。因此，为了更好地管理企业，保证企业的正常运营和长远发展，创业者一定要学习股权知识，重视股权分配，争取做到使各利益相关者实现共赢。

8.1 资本时代，股权为王

股权，关系到企业的生死存亡，能把创业者、投资者、股东、高管、员工凝聚成利益共同体，把一个人的梦想变成一群人的梦想。尤其到了资本时代，企业更要把股权提升到战略高度，科学、合理地进行股权设计，保护各方利益。

8.1.1 股权设计：科学地"切蛋糕"

1994 年，4 位年轻人在四川省简阳市创立了一家只有 4 张餐桌的小火锅店，这便是海底捞的前身。截至 2024 年，海底捞在全球范围内已经拥有上千家直营餐厅，受到广大顾客的欢迎，并作为龙头餐饮品牌入选哈佛商学院案例库。

海底捞虽然获得了很好的发展，但在早期，张勇和施永宏夫妇等创始股东没有创业经验，选择了错误的股权战略，导致股权设计存在一定问题。后来，张勇意识到股权设计存在问题，选择回购施永宏夫妇的部分股权，才得以形成以张勇为主、以施永宏为辅的股权架构。

如果张勇没有及时调整股权设计，海底捞可能早就倒闭了。这在一定程度上说明了股权设计对企业的重要性。

不论企业处于哪个发展阶段，股权设计都发挥着非常重要的作用。

1. 初创期的股权设计

在初创期，企业的股权设计是十分重要的。如果此时股权设计有问题，就会给企业之后的发展埋下隐患。同时，企业再次调整股权架构时，需要付出较大的代价。因此，初创期的企业要重视股权设计，设计出适合自己的股权架构。

在具体操作上，企业需要注意以下两个方面。

一是制定股东的进入和退出机制，以明确的合约条款规范股东的行为。股东入伙时要签订协议，约定好对方成为股东的具体要求、权利和义务，并约定好退出条件。

二是保证创始人的控制权。在初创期，企业需要一个主心骨带领企业向前发展，而创始人就是凝聚团队力量的主心骨。为了保证创始人的控制权，创始人的股权比例要尽可能地高，以确保在几次股权稀释后，创始人依旧拥有企业的控制权。

2. 成长期的股权设计

为了实现快速成长，企业需要不断引入资金。而无论是最初的天使轮融资，还是之后的数轮融资，都与股权设计密切相关。在成长期，企业进行股权设计的重要原则就是释放更少的股权，获得更多的资金。

在引入股东时，不能仅按照股东投入的资本与企业净资产的比例来确定股东的股权比例。处于成长期的企业，其劣势是净资产不多，优势是有巨大的发展潜力。因此，在与股东进行估值谈判时，企业不妨以创始团队、知识产权等作为筹码，尽量提高估值，用资金与估值的比例确定股东的股权比例。

3. 扩张期的股权设计

企业进入扩张期，意味着企业的发展已经步入正轨，收益也逐渐稳定。这时，企业就要考虑对员工进行股权激励。在制订股权激励计划时，企业同样需要做好股权设计。对全部员工进行股权激励还是对部分员工进行股权激励、应该给每个员工分配多少股权、怎样对获得股权的员工进行考核等，都是企业要考虑的问题。

4. 成熟期的股权设计

对成熟期的企业来说，虽然各项业务已经处于良性发展中，但仍要注意股权设计。一方面，经过多轮融资，企业的股权架构可能存在一些问题；另一方面，企业要为之后的人才引进预留一些股权。因此，企业要在这个阶段对股权架构进行调整和优化。

5. 上市期的股权设计

处于上市期的企业往往会因业务调整或产业链升级而进行并购，将其他企业纳入自己的商业版图。对于这些变动，企业要设计新的、更加契合自身发展现状的股权架构。

8.1.2 股权限制：股权绑定与分期兑现

某企业的启动资金为 100 万元，其中一位股东出资 40 万元，获得 40% 的股权，但他在该企业工作半年后离职。由于此前未实行股权绑定与分期兑现，企业无法依照合理价格回购该股东的股权，因此该股东可以继续享受分红而不用付出任何劳动，这对其他股东来说是不公平、不合理的。

在大多数企业中，创始团队成员早期的出资并不多。企业发展步入正轨后，一旦创始团队中的某位成员选择退出，不仅会影响企业的正常运营，甚至还会给企业带来重创。因此，在进行股权分配时，企业应该实行股权绑定，设计分期兑现制度，与全职服务期限挂钩（通常为 4 年）。

例如，某企业股东钱某，持有 30% 的股权，分 4 年兑现，每年的兑现比例分别为 20%、25%、25%、30%。如果一年后钱某离开企业，那么他最多只能得到 6%（20%×30%）的股权，未兑现的股权将会以 1 元或者法律允许的低价转让给投资者或其他创始人。这种方式可以避免因股东突然退出而带走大部分股权。

又如，A、B、C 三人一起创业，股权比例是 6：2：2。企业运营了一段时间后，C 觉得企业发展潜力不大，选择退出。但他还持有 20% 的股权，如果后期企业发展良好，那么他便能坐享其成，这对其他股东来说是不公平的。对此，企业可以实行分期兑现制度，约定股权分 4 年成熟，每年成熟 25%。

C 一年后离开，他可以获得的成熟股权为 5%（20%×25%），剩下的 15% 的股权有两种处理方法：第一种，强制分配给 A、B；第二种，以不同的价格出售给 A、B。

在股权协议里，分期兑现制度通常表述为："经股东同意，只要股东持续全职为企业工作，其所持有的全部股权自本协议生效之日起分 4 年成熟，每满 2 年兑换 50% 的股权。如果从交割之日起 4 年内，股东从企业离职（不包括因不可抗力离职的情况），则需要以 1 元的象征性价格或法律允许的最低转让价格将其未释放的股权转让给其他股东或其他股东指定的主体。"

采取分期兑现制度对企业有以下两个好处。

第一，有利于保证公平。有付出才有收获，坐享其成是不被允许的。

第二，有利于企业吸引新的人才。如果担任高管的股东退出，那么企业就需要找其他人来弥补职位空缺。如果企业的股权已经分配完毕，且前高管还占有很多股权，那么新任高管是不会接受的。因此，企业要采取分期兑现制度，以保证公平和吸引更多优秀的人才。

8.1.3　创始人的股权如何分配

创始人的主要工作是为企业创造收入，其价值由两个因素决定：一是贡献，二是市场的认可。企业的创始团队中可能有多位创始人，不同创始人的贡献和市场认可度不同，股权也应有所不同。那么，各位创始人的股权该如何分配呢？可以根据创始人的角色、所做的贡献为其分配股权。

（1）召集人。一般来说，创始团队中会有一位召集人，即将其他创始人集合起来的人。不论召集人是否担任 CEO，因其在团队组建方面发挥了关键作用，所以可以额外获得一些股权。

（2）创意、想法以及执行方案提供者。若某位创始人不仅提供了创业的创意、想法，还提供了具有可行性的执行方案，那么他可以额外获得一些股权作为嘉奖。然而，如果某位创始人仅提供创意、想法而没有提供执行方案，则无法额外获得股权。

（3）帮助企业迈出第一步的创始人。企业的第一个项目或进入的第一个市场对企业的发展具有里程碑意义，可以助力企业探索发展方向、建立市场信誉，有利于企业后期融资。如果某位创始人开发的产品或专利，帮助企业顺利进入市场，那么他可以额外获得 5%～10% 的股权，具体比例取决于这位创始人的贡献对企业的发展产生了多大的作用。

（4）CEO。鉴于 CEO 在企业战略决策和内部管理中的核心作用，担任 CEO 的创始人应该持有更多股权，以体现其重要地位。例如，担任 CEO 的创始人可以额外获得 5% 的股权，这不仅是对其贡献的肯定，也有助于保住 CEO 在企业中的话语权，避免管理失控。

（5）全职创业的创始人。全职创业的创始人的投入和风险远高于兼职创业的创始人，因此他们理应获得更多股权，如多获得 5% 的股权。

（6）在市场中有良好信誉的创始人。信誉是企业的无形资产，在企业融资过程中发挥着举足轻重的作用。有时，投资者甚至会因为某位创始人拥有良好信誉而做出投资决策。有良好信誉的创始人能够有效降低企业初创阶段的风险，因此他们可以多获得一些股权，具体比例取决于其信誉带来的实际效益。

（7）现金投入较多的创始人。现金投入是影响股权分配的一个重要因素。在企业初创阶段，如果某位创始人投入了较多资金，考虑到早期投资的高风险性，该创始人应享有更多股权。具体的股权分配可参照投资估值算法，以确保公平、合理。

在初创阶段，股权分配应充分考虑各位创始人的资金贡献、参与度以及在企业管理中所承担的角色。为避免股权均分引发风险，每位创始人的股权应按照其实际贡献进行差异化分配。具体为贡献突出的创始人多分配多少比例的股权，需要结合其贡献的实际价值及企业的整体状况，通过各位创始人之间的沟通与协商来决定。这样可以确保股权分配公平、合理，能够真实反映每位创始人的付出与努力。

8.2　控制权：掌握企业的财富生命线

王志东被誉为"程序员鼻祖"，带领新浪成功上市，但因股权稀释被迫退出董事会，不得不黯淡离场；张兰因对赌失败而被迫离开俏江南，彻底丧失对俏江南的话语权和管理权……此类事件的背后，都隐藏着控制权问题。

有控制权意味着创始人对企业的重大事项有决策权。控制权犹如汽车的方向盘，只有把方向盘握在手里，司机才能掌控汽车的行驶方向。同理，只有牢牢掌握控制权，创始人才能引领企业朝着既定的发展前进，保证企业始终在自己的掌控之中。

8.2.1 通过董事会掌握控制权

董事会是企业日常事务的执行机构。企业可以根据管理需要召开董事会，创始人控制了董事会就可以掌控企业的日常事务。这是因为董事会中的董事，代表的不是企业利益，而是支持他的股东的利益。那么，创始人如何控制董事会呢？

（1）控制董事会成员的构成。确保董事会中有足够数量的代表自己利益的成员。这可以通过选举或指派代表自己利益的董事来实现。在企业创立初期，创始人应控制董事会的大部分席位，如 2/3 的席位。随着公司的发展，应控制 1/2 以上的席位。这样可以确保决策能够体现创始人的意愿、保障创始人的利益。

（2）掌握对董事的提名权和罢免权。创始人可以通过掌握对董事的提名权和罢免权来确保参与决策的人能够代表自己的利益，从而实现对公司的间接控制。例如，阿里巴巴的合伙人制度赋予了合伙人半数以上董事提名权，并拥有一定的董事罢免权。

（3）限制董事的更换数量。通过规定每年只能改选部分董事，创始人可以保持自己在董事会中的优势地位。通过设置更换董事的比例，创始人可以控制其他股东或利益相关方在董事会中的影响力。

董事会的决议规则是一人一票，过半数董事同意，决议即可通过。因此，只要控制董事会一半以上的席位，就可以主导董事会的决策。

为了保障自己的利益，创始人需要在公司章程中明确约定：创始人拥有董事会成员一半以上的提名权。这样一来，创始人的决策将获得董事会一半以上成员的支持，从而能够更好地实现自己的目的。

8.2.2　有限合伙：以少胜多的学问

有限合伙是由普通合伙人和有限合伙人组成的一种新型合伙模式，其中，普通合伙人承担无限连带责任，有限合伙人根据其出资额承担有限责任。在这种合伙模式中，普通合伙人虽然承担无限连带责任，但可以作为事务执行人对外代表企业，并掌握决策权。而有限合伙人虽然可以获得分红，但没有决策权和企业控制权。

有限合伙这种模式可以分离投票权与股权、决策权与分红权，确保创始人掌握企业控制权。此外，借助特有的内部治理机制，有限合伙还能够降低运营成本，提高决策效率。如果股东通过有限合伙模式持有股权，就可以随意转让自己的股权和权利，退出时也更自由。这种在获得收益的同时可以自由退出的投资模式，对投资者有更大的吸引力。

创始人可以自己或者让自己名下的企业在有限合伙企业中担任普通合伙人，让投资者在有限合伙企业中担任有限合伙人，从而控制有限合伙企业，获得更多股权。有限合伙人享有分红权，但不参与日常管理决策，也无法控制公司。

需要注意的是，如果创始人的婚姻状况发生变化，稍有不慎，创始人就有可能失去股权以及对企业的控制权。因此，要想保证股权和控制权的稳定性，创始人可以引入有限合伙模式或对投票权进行合理设计，如签订投票权委托协议、签订一致行动人协议等。

8.2.3　AB 股模式：同股不同权

AB股，即把企业的股票分为 A 股和 B 股，对外发行的 A 股只有 1 票投票权，而管理层持有的 B 股有 N 票投票权。但 B 股一般不能公开交易，若想转让，必须先转换成"一股一票"的 A 股。

AB 股最初盛行于美国。一些互联网企业的创始人把握着新技术的脉搏，企业发展前期对资本的需求较大，经历多次融资后，创始人的股权比例被稀释，其他股东拥有了控股权。此时如果依据"资本多数决"的原则，其他股东可能会代替创始人做出关键的企业决策。

以苹果公司为例，在创立初期，乔布斯和沃兹各自持有 30% 的股份，投资者马库拉持有 30% 的股份，硬件工程师霍尔特持有 10% 的股份。随着融资轮次的增加和苹果公司的上市，他们的股权逐渐减少，乔布斯仅持股 15%，沃兹持股 6.5%，马库拉持股 11.4%。1985 年 9 月，因业务调整和遭遇财务困境，乔布斯被"赶出"苹果公司。

对任何一家企业而言，无论其技术多么先进，其前期的发展和推广都需要大量的资金支持。在筹集资金的过程中，创始人若想始终把握企业的控制权，就要限制融资规模；而若想扩大融资规模，则可能不得不牺牲部分控制权。然而，AB 股制度则巧妙地解决了这一难题，使得控制权和融资需求都可以满足。

不同的投票权架构能够确保即使创始人的持股比例被稀释，他们仍然能够掌握企业控制权。这种安排有效减轻了创始人对控制权丧失的担忧，有利于维护企业的长远利益。无论是对创始人还是投资者来说，AB 股制度都是一种有力的保护机制。

AB 股制度进入大众视野始于百度、京东、阿里巴巴等互联网巨头在美国上市。当它们的股权架构被公开时，引起了公众的广泛关注。原来，这些企业的创始人其实只是小股东，但他们却拥有企业的绝对控制权。而这背后的秘密便是 AB 股制度。

以京东为例，刘强东所持的 B 股，1 股拥有 20 票投票权，而其他股东所持的 A 股，1 股只有 1 票投票权。因此，刘强东在京东在港股上市前拥有 78.4% 的投票权，牢牢掌控着京东。即使京东在发展过程中不断融资，刘强东的持股比例随着融资轮次的增加而不断降低，但凭借占据绝对优势地位的投票权，刘强东依然是京东的实际掌舵人。

通过控制投票权的方式，刘强东牢牢把握住了企业控制权，这是在 AB 股股权架构模式下才能够实现的。在接受沃尔玛、腾讯等巨头投资的过程中，京东仅给予对方相应的股权份额，并未让渡较多的投票权，这保障了刘强东对京东的控制权。

8.2.4　一致行动人：各方抱团取暖

一致行动人是指能够通过某种关系或协议约定，以非股东的身份对企业的控制权产生影响，参与企业日常管理和决策的人。在实际的经营或投资中，一致行动人往往是夫妻，如海底捞的创始人张勇、舒萍夫妇；父母与子女，如方太创始人茅理翔与茅忠群父子；兄弟，如公牛创始人阮立平与阮学平兄弟。

股东签署一致行动人协议相当于在股东会外又建立了一个合法的"小股东会"。每次股东会决议前，"小股东会"可以先讨论出一个对外的结果，然后再在股东会中做出表决。简单来讲，就是几名股东一致对外，如果有人不按照协议约定一致行动，他就会受到协议中约定条款的惩罚，如支付罚金、赔偿股权等。

养元饮品是一家历史悠久的公司，成立于 1997 年。后来，养元饮品被姚奎章收购，完成了私有化改革。然而，在私有化之初，姚奎章仅持有 23.36% 的股权，并未实现绝对控股，其他股东也未能实现绝对控股。这意味着在当时，没有人能独立地对养元饮品的重大经营事项做出决策。换句话说，养元饮品在那时没有实际控制人。

为了提高决策效率、避免出现分歧，姚奎章对公司的控制权进行了整合。虽然将小股东的股权直接转让给其实际控制的雅智顺投资有限公司是最便捷的整合方式，但由于公司即将上市，若让小股东放弃直接持股，可能会损害他们的利益。因此，姚奎章采取了这种策略：雅智顺投资有限公司召开临时股东会会议，会议通过了《关于签订（姚奎章先生与雅智顺投资有限公司一致行动人协议）的议案》。除姚奎章外，其他 14 名股东一致通过了该议案。同时，姚奎章与雅智顺投资有限公司也签署了这一协议。

通过一致行动人协议，姚奎章获得养元饮品 43.75% 的控制权，成为公司的实际控制人。

8.2.5　委托投票权：被委托方很重要

委托投票权指的是股东在股东会召开之前把投票权转让给出席大会的其他人行使。《中华人民共和国公司法》（以下简称《公司法》）第一百一十八条规定："股东委托代理人出席股东会会议的，应当明确代理人代理的事项、权限和期限；代理人应当向公司提交股东授权委托书，并在授权范围内行使表决权。"

A 公司旗下有一家子公司——B 公司，在申报 IPO 前，A 公司与 B 公司的股东小肖签署了委托投票权协议，约定小肖将其持有的 19% 的 B 公司的股权对应的权利授权给 A 公司行使，具体条款如下。

（1）股东会决议时，发行人可根据自己的想法行使 19% 的股权对应的表决权。

（2）发行人享有 19% 的股权对应的提案权、提名权等权利。

（3）委托期限自协议签署之日起，至小肖持股比例低于 1%。

（4）上述授权委托无条件且不可撤销。小肖承诺自协议签订之日起 5 年内不转让 19% 的股权。期满后若转让股权，同等条件下发行人有优先购买权。

小肖之所以签署委托投票权协议，是因为他长期生活在北京，不方便参与 B

公司的日常管理，自己也没有相关意愿。加之小肖与 A 公司的法人小陈是多年朋友，互相非常信任，A 公司多年的经营情况也很好。因此，小肖愿意将自己 19% 的股权对应的投票权委托给小陈行使。

与一致行动人不同，委托投票权是指身为委托人的股东完全放弃投票权，由受托人代为行使。如果企业存在几个股东股权比例接近且股权分散的情况，创始人一般都会将股东捆绑为一致行动人。但如果这些股东是纯粹的财务投资者，并不愿意被绑定，创始人就可以通过委托投票权的方式将控制权交给最大的股东，以便认定实际控制人。

8.3　处理好股权，企业才更值钱

为了让合伙人、投资者感到自己得到的回报是合理、公平的，从而集中精力为企业做贡献，企业要谨慎处理股权问题，实现股权价值最大化。此外，企业也要制订员工激励计划，激发整个团队的活力，使员工成为推动企业持续增长的动力源泉。

8.3.1　股权合伙：不要因为股权问题影响企业发展

合伙创业可以有效降低创业的风险，在企业发展的关键时刻，创业者可以寻求可信赖的合伙人的帮助。如果创业者经过深思熟虑后，决定寻找合伙人一起创业，那就一定要设计好股权架构。否则，创始人可能会面临合作关系破裂的风险，导致企业陷入困境、发展受阻。

目前，常见的合伙人有以下 3 种类型。

（1）普通合伙人：一般投资者。

（2）有限合伙人：以出资额为限对企业的债务承担有限责任的合伙人，与对债务承担无限连带责任的普通合伙人相对。

（3）隐名合伙人：只为企业出资，分享企业的利益，但不参与实际经营的合伙人。这类合伙人以出资额为限对企业承担相应的民事责任。一般来说，出资的一方称为隐名合伙人，经营的一方称为出名营业人。

在为合伙人分配股权时，企业要考虑3点。

第一，要看合伙人的类型，分析对方是承担有限责任还是无限连带责任。一般来说，合伙人承担的责任越多，拥有的股权就越多。

第二，要看合伙人是否参与管理。通常在中小型企业中，合伙人都是既出资又参与管理，当然也有一部分合伙人只出资不参与管理或者只参与管理不出资。按照这种方法区分的合伙人在企业中的股权占比为：既出资又参与管理 > 只参与管理不出资 > 只出资不参与管理。

第三，要看参与管理的合伙人投入的要素是管理、技术、人脉还是其他要素。这些要素会随着企业的发展呈现不同的价值，因此企业要根据自身情况对合伙人的贡献进行动态调整。

还有很重要的一点是，随着企业不断发展，合伙人投入要素的价值也会发生变化。与此同时，合伙人的股权也会发生变化，有时甚至会出现股权纠纷。为了避免出现这种情况，企业可以设置变量，让股权处在动态变化中。以下4种方法可以用来设置变量。

1. 设置限制性股权

限制性股权是指企业对股权的来源、转让、出售等方面进行一定的限制。例如，完成公司规定的任务后，股东才能出售股权；限制性股权的禁售期限为1年。这样可以避免股东一获得股权就将其随意抛售，在一定程度上提高了股东的稳定性。

2. 股权分期兑现

根据企业的实际情况，企业可以设置不同的股权兑现机制。例如，某企业为了避免出现短期投机行为，要求合伙人在入职后工作满 2 年才能兑现 50% 的股权，满 3 年兑现 75% 的股权，满 4 年兑现 100% 的股权。这种方式保证了合伙人至少要在企业工作 2 年，避免了合伙人在短时间内退出给企业造成不必要的损失。

3. 约定回购机制

随着企业的发展，股权的价格也在不断变化，合伙人在企业成立初期投入的资金并不是股权真正的价格。因此，企业在为合伙人分配股权时必须与合伙人约定回购机制，确定一个双方都可以接受的回购价格。这个回购价格往往是企业和合伙人自行协商的结果。

4. 做好预期管理

针对各种投入要素可能会产生的价值浮动，做好团队预期管理，对于一个企业的发展是很重要的。不论是设置股权兑现的限制条件，还是设置股权的回购机制，其实都是预期管理。这样可以使股权处在动态变化之中，有利于合伙人后期根据企业的发展对股权架构进行调整。

在股权分配初期设置这些变量，可以为后期各种要素的价值浮动留有一定的调整余地，让合伙人最大限度地获得与他们的贡献相匹配的收益。毕竟一个企业能否存活下来、未来能走多远等问题，是由创始人和合伙人的共同努力决定的。

8.3.2　股权众筹：从 0 到 1 获得财富

"股权众筹"的概念来自美国。美国知名学者迈克尔·萨利文曾首次在他的文章中使用"Crowdfunding"一词，并将其定义为：人们通过互联网汇集资金，以支持他人或者组织发起的项目。

作为一种创新的融资渠道，股权众筹符合多层次资本市场的需求，为一些创意出众但资金短缺的创业者提供了必要的资金支持。

股权众筹的 3 个特点如图 8-1 所示。

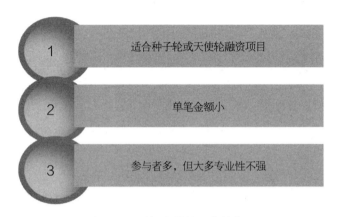

图 8-1　股权众筹的 3 个特点

（1）适合种子轮或天使轮融资项目。一些已经经过种子轮或天使轮融资的项目，其估值相对较高，它们若选择股权众筹的方式进行融资，往往不会成功。因为股权众筹平台一般不接受处于发展期甚至成熟期的项目，只接受需要进行种子轮或天使轮融资的项目。

（2）单笔金额小。如果你的项目需要几千万元融资，就不适合进行股权众筹。股权众筹具有公开性和大众性，这意味着投资者群体广泛，包括了拥有不同投资经验和风险承受能力的个人和机构。为了保护广大投资者的利益，避免他们因投资过大而承担过高的风险，股权众筹通常会限制单笔投资的金额。

此外，股权众筹通过互联网进行信息传递和融资，限制单笔投资的金额有助于吸引更多的投资者参与，提高众筹的效率和成功率。同时，小额投资也降低了投资者的参与门槛，使得更多人有机会参与到股权众筹中来。

（3）参与者多，但大多专业性不强。项目在股权众筹平台上线后，面对的是几千个甚至几万个普通投资者的挑选，最终由 200 个以内的投资者认购众筹金额。

大多数投资者通过自己的分析和判断在线上做出投资决定，因此投资者的专业性较低。当然，一些发展潜力大的项目还是可以吸引到知名投资者和大型投资机构的。

在股权众筹方面，3W 咖啡是一个比较有代表性的案例。3W 咖啡曾通过股权众筹的方式向公众募集资金，每人 10 股，每股 6000 元，相当于一人出资 6 万元。那时微博的热度很高，3W 咖啡很快就聚集了一群知名投资者、创业者和企业高管。

3W 咖啡引领了我国众筹式创业咖啡的潮流，几乎每个城市都建立了众筹式 3W 咖啡。3W 咖啡以创业咖啡为契机，将品牌延伸到创业孵化器等领域。

3W 咖啡的投资规则虽然简单，但并不是随便哪个人都可以参与投资的，必须符合一定的条件。3W 咖啡定位的是互联网创业和投资圈的顶级圈子，给股东带来的并不是投资分红，而是创投圈的入场券和人脉资源。

试想如果投资人通过 3W 咖啡发现了一个好项目，那么他获得的利益是远高于 6 万元的。同样，创始人支付 6 万元就可以结识大批优秀的企业家和投资者。这些人脉带来的价值是远超 6 万元的，毕竟顶级企业家与投资者的经验和智慧不是用金钱能衡量的。

3W 咖啡有一个咖啡馆，方便股东进行交流。另外，3W 咖啡还以流行的圈子文化为背景，辅以高端的服务，打造高端的商务社交场所。这种做法不只是筹集资金，更是吸引圈子中知名人士聚集，从而锁定一批忠实粉丝。另外，股东也可以在无须经营的情况下，拥有自己的会所、餐厅、酒吧等，既能获得一定收益，又能拥有较高的社会地位，可谓一举两得。

8.3.3 股权激励：让员工成为企业增长的动力

很多企业都会在获得一定的发展后对员工进行股权激励，以激发其工作的积极性，促使其为企业做出更多贡献。要做好股权激励，关键在于掌握股权激励方法，包括股票期权、限制性股票、虚拟股票。表 8-1 给出了各种股权激励方法的对比情况。

表 8-1　股权激励方法对比

类型	是否实股	股权稀释	激励收益	员工风险	员工现金支出	企业现金支出	评估定价	适用企业类型
股票期权	是	有	增值权	无	无	无	需要	资本投入较少、资本增值较快、人力资源增值明显的企业
限制性股票	是	有	分红权投票权增值权	有/无	有/无	无	需要	业绩稳定、现金流较为充足、股价波动较小且具有分红偏好的企业
虚拟股票	否	无	分红权增值权	无	无	有	需要	业绩增长较快、现金流比较充足的企业

除上述股权激励方法外，干股激励也很常见。如果员工获得的是干股，那么对于企业的重大决策，他们只能遵从，不能参与制定。如果后期他们离职了，那么干股也会随之消失，他们不会再获得任何收益。这样可以保障企业的利益不受损。

为了使股权激励真正发挥作用，企业要注意几个关键点，包括确定股权激励的时间、人选，以及股权的份额、来源、价格、兑现条件、退出方式等。

华为一直是股权激励的先行者，它历经 30 多年的风云变迁，现在已经成长为全球领先的信息与通信技术解决方案供应商，在云计算、终端等领域持续为人们提供优质的产品与服务。但其实诞生之初，它也只是一个仅有 6 位股东、注册资本仅有 2 万元的小企业。

在发展早期，因为规模小、营收额不高，华为无法通过上市的方法获取银行和公众的资金。但没有资金，企业就无法获得发展。1990 年，华为推出员工持股计划，使员工成为事业合伙人，通过内部融资，顺利渡过难关。

1997 年，华为对股权架构进行改革。改革后，员工的股权由深圳市华为技术有限公司工会（以下简称"华为工会"）和华为新技术公司工会集中托管。

2000 年，华为再次对股权架构进行改组，最终形成创始人任正非持有 1.1% 股权与华为工会持有 98.9% 股权的股权架构。

2001 年，华为推出虚拟受限股计划，旨在将股权激励由普惠性转为重点激励。员工获得的多数收益由以往的固定分红转变为股权对应的企业净资产增值部分。

2003 年，华为工会委员会与创始人任正非共同设立华为投资控股有限公司（以下简称"华为投控"）。华为投控的控股公司就是华为。因此，虽然华为创始人任正非手中只有 1.1% 的股权，但华为的实际控制人还是任正非。因为华为工会集中托管的虚拟受限股没有管理权，实体股东只有任正非一人。

为了让没有管理权的事业合伙人也能拥有参与权，华为从持股的员工中选出 17 人，让他们进入华为投控的董事会。而成立华为投控作为持股平台，不仅方便华为旗下公司的资本运作，也使得原本较为复杂的事业合伙人激励制度更容易被员工股东理解。

后来，很多华为的老员工手中持有大量股权，且还在持续买入，而留给新员工的股权却不多。因此，华为在虚拟受限股的基础上，开始实行饱和配股制度。员工根据自己的级别享有不同的配股上限，比如，13 级员工的配股上限为 2 万股，14 级员工则为 5 万股。如此一来，新员工的工作热情与积极性都大幅提升，华为的事业合伙人也越来越多。

为了让更多的基层员工享受到企业发展带来的红利，2013 年，华为推出"时间单位计划"。在"时间单位计划"下，员工无须购买股权，华为每年会根据员工的级别、贡献等为其分配期权，每 5 年一结算。于是，约半数的员工都成了华为的事业合伙人。

在发展过程中，华为通过不断调整股权激励制度，源源不断地引入事业合伙人，不仅实现了对员工的激励，还能够持续获得内部融资。至今，华为获得了200 多亿元的内部融资。

不过，无论事业合伙人的实现形式如何变化，最终目的都是对员工进行股权激励，而不是获得融资。因此，企业在实行事业合伙人制度时，切记不要本末倒置。

9 第 9 章
IPO 与再融资：精心"包装"企业

当企业发展到一定规模时，为了获得更多资金，就会选择上市并进行再融资。但现实情况是，很多企业不知道如何上市，也不知道再融资的模式有哪些。本章主要介绍上市与再融资的相关内容，帮助企业在短时间内筹集到自己需要的资金。

9.1 IPO 准备：机构安排与合规

上市是企业迅速发展壮大的主要途径。上市前，企业要做好充足的准备，包括选择中介机构并与其接洽、尽职调查、制定 IPO 方案、配合第三方进行辅导工作等。

9.1.1 IPO 所需的 4 个中介机构

上市时，企业通常需要聘请 4 个相关的中介机构：证券机构、会计师事务所、律师事务所以及评估机构。各中介机构的资格与职责不同，其中前三个较为重要。

证券机构是企业上市过程中的总设计师，负责上市过程中的整体协调工作。这类中介机构的身份在企业上市过程中会不断变化。例如，在上市准备阶段是财务顾问，在辅导阶段是辅导机构，在申报审核阶段是保荐机构，在发行阶段则是股票发行的主承销商。

会计师事务所主要负责对企业的财务工作进行管理，承担会计核算和内控工作，为企业提供上市过程中的专业指导，协助企业制作申报材料，出具审计报告和验资报告等。

律师事务所主要负责解决企业在改制过程中遇到的相关法律问题，协助企业准备报批相关文件，出具法律意见书和律师工作报告，对申请文件提供指导意见等。

对企业来说，选对了中介机构，上市工作将会事半功倍，IPO进程中的关键问题也能够得到顺利解决。

那么，企业如何才能选对中介机构？可以关注以下4个方面的内容。

（1）中介机构是否具有从事证券业务的资格。会计师事务所和资产评估师事务所从事股票发行上市业务时必须具有证券从业资格，证券公司必须具有保荐承销业务资格。

（2）中介机构的执业能力、执业经验和执业质量。企业要对中介机构的执业能力进行深入了解，评估中介机构的执业经验和执业质量，选择具有较强执业能力、比较熟悉行业规范的中介机构，以保证中介机构的执业质量。此外，中介机构的声誉也能反映其综合实力，是中介机构服务质量的保证。

（3）中介机构团队之间的历史合作情况、沟通便利程度和配合协调度。股票发行上市是发行人与各中介机构合力作用的结果。

（4）费用。中介机构的费用也是企业在发行上市过程中需要考虑的关键问题，具体收费或收费标准应在双方协商后确定。

中介机构贯穿了企业上市过程的始末，包括改制设立、上市辅导、发行及其他方面等。因此，企业选择中介机构时一定要格外慎重，这关系到 IPO 的进展以及成败。

9.1.2　尽职调查与制定 IPO 方案

中介机构进场后，企业就可以进行尽职调查了。尽职调查有助于企业更全面地了解自己的基本情况，发现问题，找到与上市要求所存在的差距，为上市奠定基础。另外，尽职调查还可以帮助中介机构评估项目风险，提升企业的风险防范能力和风险管理水平。

尽职调查要求企业真实、准确、完整地提供中介机构需要的材料。如果企业刻意隐瞒，则不利于中介机构发现问题，最终很可能导致上市失败。

尽职调查的内容主要包括企业历史沿革、组织架构和人事情况等基本信息，业务和产品情况，经营现状以及可持续发展状况，财务与资产情况、重要合同、知识产权、诉讼等重大事件，纳税、社保、环保、安全情况等。

完成尽职调查后，上市工作小组会和保荐人、律师、注册会计师、评估师等对尽职调查的结果进行分析，找到企业当前存在的问题以及解决思路和措施，然后制定上市工作方案。

上市工作方案的主要内容包括企业运营情况分析、改制和重组的目标、股权架构的调整、资产重组的原则和内容、重组过程中应当注意的问题、上市操作相关事宜、股票发行和时间安排，以及 IPO 实施计划及职责与权力划分等。

9.1.3　上市辅导

在上市前，配合第三方做上市辅导是一个必不可少的环节。企业应该听从第三方的指导意见，对第三方发现的企业经营与管理中存在的问题进行解决和整改，最终达到顺利上市的目的。上市辅导主要包括以下 8 个方面的工作。

（1）辅导机构组织并督促企业董事、监事、高级管理人员及持有5%（含5%）以上股权的股东进行上市规范运作和其他证券基础知识的学习、培训和考试，增强其法治观念和诚信意识。

（2）辅导机构核查股份有限公司的合法性与有效性，核查内容包括改制重组、股权转让、增资扩股、折股/验资等是否合法，产权关系是否明晰，股权关系是否符合规定。

（3）辅导机构核查企业组织架构、财务状况、资产情况及供产销系统的独立性和完整性，并督促企业妥善处理商标、用地、房屋产权等资产所属权问题。

（4）辅导机构监督企业建立健全的组织架构、完善内部决策和风险管理制度，形成完善的财务、投资、内部约束和激励方案，同时要建立符合上市要求的信息披露制度。

（5）辅导机构及时督促企业规范和控股股东及其他关联方的关系，妥善处理同业之间的竞争和关联交易问题。

（6）辅导机构协助企业制定业务发展目标和计划，同时制定募股资金的投向及其他投资的项目规划。

（7）辅导机构协助企业开展首次公开发行股票的相关工作，综合评估企业是否达到发行上市条件。在辅导前期，辅导机构要协助企业进行摸底调查，制定全面的辅导方案；在辅导中期，辅导机构要协助企业进行集中学习和培训，发现并解决问题；在辅导后期，辅导机构则要对企业进行考核评估，完成辅导计划，做好上市的准备工作。

（8）辅导机构督促企业做到独立运营，保证企业的业务、资产管理、人员分工、财务政策、机构设置等方面是独立的，从而实现业务稳定发展和核心竞争力不断提升。

在上市辅导过程中，企业必须与辅导机构通力合作，对相关问题及时进行整改。同时，要十分清楚上市的环节，制订合理可行的股票发行计划。另外，如果辅导期超过三年，那么企业必须按照相关法律规定的程序及要求重新聘请辅导机构进行辅导。

9.2　选择合适的 IPO 模式

在具体操作上，IPO 有三个模式：一是境内上市，即在境内的证券交易所上市；二是直接境外上市，即在境外的证券交易所直接上市；三是间接境外上市，即通过买壳或者造壳间接在境外上市。企业可以根据运营情况和经济实力选择适合自己的模式，以便成功上市。

9.2.1　境内上市

境内上市是指在上海证券交易所（以下简称"上交所"）、深圳证券交易所（以下简称"深交所"）、北京证券交易所（以下简称"北交所"）实现挂牌交易。从目前来看，境内上市是我国企业主要的上市方式，市盈率大多为 30～40 倍，优势是能让企业获得更多融资。

下面将从以下 2 个方面介绍境内上市。

1. 证券交易所：上海、深圳、北京

上交所成立于 1990 年 11 月，是世界著名的证券交易所之一。深交所成立于 1990 年 12 月，于 1991 年 7 月正式营业。北交所于 2021 年 9 月注册成立，是我国第一家经国务院批准成立的公司制证券交易所，进一步完善了多层次市场结构。

在三大证券交易所中，上交所和深交所是非营利性的事业单位，业务范围包括 5 个方面：对上市证券进行组织管理、为证券交易提供适合的场所、办理上市证券的清算与交割事宜、提供上市证券市场范围内信息、受理中国人民银行允许

受理或委托的其他业务。北交所主要面向创新型中小企业，业务涵盖股票发行、公司上市、融资并购、企业监管、投资者合法性审核等方面，形成了一个独具特色的业务体系，深受广大企业欢迎。

在北交所出现之前，大多数上市资源都是在上交所和深交所之间进行分配的。一般来说，上交所上市一家企业，深交所也要上市一家企业；上交所挂牌交易几家基金，深交所也要挂牌交易同样数量的基金。北交所拥有不同于上交所和深交所的市场定位与核心竞争力，这意味着企业在上市时有了更多的选择，上市进程也加快了。

2. 交易币种：A 股和 B 股

A 股的全称为"人民币普通股"，是指企业发行的供境内机构、个人以及在境内居住的港澳台居民以人民币认购和交易的普通股股票。简单来说，用人民币进行买卖的股票市场统称为 A 股市场。

B 股是相对 A 股而言的，是指人民币特种股票，又称"境内上市外资股"。它由境内企业发行，用人民币标明面值，以其他币种如美元、港币等认购和买卖。B 股主要供我国的港澳台居民，外国的自然人、法人和其他组织以及定居在国外的中国公民等投资者买卖。

未来，更多市场的引进，可能会对 A 股市场造成一定的影响。另外，三大证券交易所，尤其是上交所和深交所之间的资源争夺战有利于提升其竞争意识，促使市场进一步完善，从而增强 A 股的国际影响力，为未来 A 股走向国际舞台奠定坚实的基础。

9.2.2 直接境外上市

直接境外上市是指企业向境外证券主管部门申请登记、注册、发行股票或其他衍生金融工具，在当地证券交易所申请挂牌交易。直接境外上市主要包括在中国香港上市、在美国上市等。

1. 在中国香港上市

通常情况下，企业到中国香港上市，从申请到发行需要 7 个月左右。联想就是在港交所上市的，股票代号为"03396"。联想控股面向全球发行 3.52944 亿只 H 股股票，发行价为 42.98 港元。通过在中国香港上市，联想控股融资 151.7 亿港元。

在 A 股大热之时，联想控股为什么选择在中国香港上市呢？因为中国香港作为国际金融中心，拥有成熟、开放且国际化的资本市场。香港股市具有较高的流动性，为上市公司提供了良好的融资环境。同时，香港股市的监管制度完善，对投资者的保护力度较大，有助于提升联想控股的市场信誉和投资者的信心。

企业在中国香港上市有 3 种方式，分别是发行 H 股上市、发行红筹股上市、借壳上市。

2. 在美国上市

由于很多企业在我国无法上市，或者在我国上市后融资达不到预期，因此很多企业都选择在美国上市。还有一些企业需要扩大境外业务与市场，因此通过在美国上市，提升企业在境外的知名度和影响力。从市场角度来分析，企业之所以选择在美国上市，还因为美股的流动性整体较好、上市审批时间较短、上市标准宽松等。

阿里巴巴就是一个在美国上市的经典案例，其开盘价为 92.7 美元，上市首日的收盘价为 93.89 美元，发行价上涨了 25.89 美元，涨幅达 38.07%。按照其每股 68 美元的发行价计算，当时其市值大约为 1708 亿美元，上市融资额达到 250 亿美元。

那么，企业在美国上市需要满足哪些条件呢？以纽约证券交易所（以下简称"纽交所"）为例。企业想要在纽交所上市，必须满足以下条件：净资产达到

4000 万美元、市值达到 1 亿美元、最近两年每年的税前收入不少于 2500 万美元、公众流通股数量不少于 250 万股。

直接境外上市程序较为复杂，需要聘请境内外的中介机构，成本相对较高，而且需要经过境内外监管机构的审批，时间较长。但正是因为需要经过这些严格的程序，企业一旦获准在境外上市，就更容易获得投资者的信任，企业可以得到更好的声誉，股票发行的范围也更广。从企业长远发展的角度来看，直接境外上市是企业上市的一个绝佳选择。

9.2.3　间接境外上市

与直接境外上市相对应的是间接境外上市，即通常所说的境内企业在境外借壳上市。

境外借壳上市有两种模式：一是境外买壳上市，二是境外造壳上市。两种模式的本质都是将境内企业的资产注入壳公司，以达到在境外上市的目的。

1. 境外买壳上市

境外买壳上市行为中有两个主体：一个是境内企业，另一个是境外上市公司。首先，境内企业需要找到合适的境外上市公司作为壳公司。其次，境内企业完成对境外上市公司的注资，获得其部分或全部股权。这样境内企业就能实现境外间接上市的目的。

买壳上市有两个不利之处：一是买壳成本高，二是风险比较大。例如，一些境内企业对境外上市公司不熟悉，收购后才发现买的是垃圾股票，不仅无法实现从市场获得融资的目的，反而背上了债务包袱。

境外买壳可以使企业在最短时间内控制一家上市公司，然后等待最佳融资时机，不需要将大量时间花费在上市准备上。例如，国美零售、电讯盈科和华宝国际都是在中国香港买壳后等待融资时机，最后成功上市的案例。

总体来说，境外买壳上市更适合股东资金实力雄厚、可以先拿出一部分资产买壳再解决融资需求的企业。

2. 境外造壳上市

境外造壳上市是指境内企业在境外证券交易所所在地或其他允许的国家或地区开一家公司，境内企业以外商控股公司的名义，将相应比例的权益和利润并入境外公司，以达到境外上市的目的。

境外造壳上市有 4 个优势：所用时间更短，造出的壳公司能够充分发挥主动性，股权转让及公司管理等与国际接轨，在英美法系地区注册的公司没有发起人人数限制。

曾经在政策利好的情况下，时任中信香港公司（以下简称中信）副董事长的荣智健找到了在港交所上市的方法。

首先是买壳。

起初，在李嘉诚和郭鹤年的支持下，荣智健通过和泰富发展有限公司（以下简称泰富发展）的控股股东曹光彪定向洽谈达成交易。双方约定，中信以 1.2 港币 / 股的定价购得曹光彪家族所拥有的泰富发展 49% 的股权，股权总价值为 3.97 亿港币。

其次是净壳。

由于泰富发展被中信收购时非常干净，不存在不良资产，因此净壳过程非常简单。中信按照与曹光彪约定将泰富发展持有的香港永新集团 8% 的股权以 1.5 港币 / 股的价格转让给了曹光彪，泰富发展回收资金 7337.85 万港币。

最后是装壳。

在装壳阶段，中信将自己持有的港龙航空有限公司 38.3% 的股权以及名下裕林工业中心、大角咀中心等资产注入泰富发展，获得了 5.5 亿港币的现金流入，拥有了一个资本运作平台。

就这样，中信泰富有限公司（"泰富发展"于 1991 年更名为"中信泰富"）通过上市公司的身份不断从证券市场融资，然后反过来购买中信旗下的公司和其他资产，使得中信的资产全部注入中信泰富这个壳公司里。

9.3 再融资：不断增加企业的财富

企业应明白，切勿在资金匮乏之际才想起来要融资。一轮融资圆满完成后，企业应迅速启动下一轮融资的筹备工作。只有这样，才能持续推动企业财富增值，确保企业稳健前行。

9.3.1 尽早着手进行再融资

融资是保障企业现金流稳定、实现持续运营与发展的重要基石。如今，市场不稳定，竞争很激烈，很多企业面临资金分配不合理、变现渠道不完善的挑战，能够实现盈亏平衡的企业不多。如果企业的资金链断裂，现金流匮乏，那么企业将面临极大的生存压力。

对企业来说，融资是一件永远不能忽视的事情。即便刚成功上市或者刚获得一笔投资，考虑到引入下一轮融资还需要一段时间的接洽和磨合，企业也应该未雨绸缪，尽早制定再融资方案并着手对接各类投资者。

如果企业在创立之初就制订了完善的融资计划，那就再好不过了。这样就可以避免企业在缺钱时再融资会对企业发展造成负面影响。

阿里巴巴的第一轮融资是在 1999 年 10 月，融资金额高达 500 万美元。此轮融资解决了阿里巴巴的资金危机，成功将阿里巴巴推向海外市场。

2000 年，阿里巴巴完成第二轮融资，总计 2500 万美元。

2004 年，阿里巴巴完成金额为 8200 万美元的第三轮融资。

2005 年，雅虎以 10 亿美元及其在我国的资产换取阿里巴巴 39% 的股权。这次交易使阿里巴巴旗下的淘宝、支付宝等产品迅速发展壮大。

2007 年，阿里巴巴在香港联交所正式挂牌上市，融资 15 亿美元。

2011 年，阿里巴巴获得银湖、DST、云飞基金的投资，总额高达 20 亿美元。

2012 年，阿里巴巴通过商业贷款的方式得到国家开发银行 10 亿美元的资金。

2014 年，阿里巴巴在纽交所正式上市，融资金额约为 220 亿美元。

2019 年，阿里巴巴将融资目标下调至 100 亿～150 亿美元。

2020 年后，阿里巴巴将重心放在投资上，就没有再进行大规模融资。

这个案例告诉我们，即使是阿里巴巴这样的行业巨头也需要进行再融资。因此，为了实现长远发展，普通企业更加不能忽视融资的作用。企业发展过程中可能会突发危机，而解决突发危机则需要现金流的支持。那些不重视融资，甚至不想融资的企业，很可能会因现金流断裂而破产倒闭。企业到那个时候再融资，恐怕为时已晚。

9.3.2　再融资方案之定向增发

定向增发是企业在上市后进行再融资的一种模式，可以解决企业现金流不足的问题，改善企业对资本和资源过度依赖的情况。

作为人工智能产业与智能语音领域的先行者，科大讯飞在人工智能领域有着丰富的经验。自上市以来，科大讯飞始终对市场秉持"尊重、敬畏、利用"的态度，通过规范化的资本运作积极为股东创造价值，使市值不断增加。

自科大讯飞公布了非公开性质的发行预案开始，受不利于资本市场发展的外部环境影响，整个大盘呈现出持续震荡下行的发展态势，截至科大讯飞股票的发行日，中小板指数的跌幅达 23.87%。同花顺数据显示，与科大讯飞同期发布再融资预案的企业多达 52 家，而最后成功完成再融资预案的企业仅有 11 家。

科大讯飞共计向 10 位投资者发布了 1.08 亿股的新增股权，用于新一代认知与感知核心技术研发、智能语音人工智能开放平台、服务与销售体系完善升级等项目。多家投资者通过竞价的方式对这 10 个投资名额展开角逐，促使科大讯飞本次发行成功落地，体现了社会各界对科大讯飞资本市场价值的极大认可。

科大讯飞的此次发行在股东会会议上获得了高票通过，参与投票的中小股东的赞成率超过 99.5%。这反映出众多股东对科大讯飞的大力支持。此次增发股票有利于科大讯飞准确把握人工智能的发展机遇，加快产业布局，加大核心技术投入，推进"平台＋赛道"发展战略。

科大讯飞借助资本积极强化自己的核心竞争力，坚持推动核心技术的发展与进步，为股东谋求长期回报。

科大讯飞坚定不移地推行 To B（To Business，面向企业）与 To C（To Customer，面向消费者）双轮驱动的发展战略，使得人工智能的应用价值与红利逐步落地。此外，科大讯飞的 C 端产品销售业绩十分亮眼。例如，科大讯飞翻译机、科大讯飞智能录音笔、科大讯飞学习机、科大讯飞智能办公本等智能产品，在各个平台的购物节中均取得了令人瞩目的成绩。这充分体现了科大讯飞通过人工智能技术赋能个体消费者、持续深耕 C 端市场的决心，也凸显了科大讯飞不断拓展市场、增强市场竞争力的战略目标。

近年来，以人工智能为代表的智能技术正在改变这个时代，整个时代的发展呈现出"万物互联，万物智能"的特征。人工智能技术的战略意义与广阔前景逐渐凸显，并在全球范围内掀起各行各业进行数字化、智能化转型升级的热潮。

作为智能产业的先行者，科大讯飞此次在"逆市"中顺利完成再融资，为其自身的发展注入了一剂强心针，使其能够更好地抓住人工智能发展机遇，以更积极、自信的姿态迎接发展过程中可能出现的一系列挑战。

9.3.3　再融资方案之股权质押

股权质押是一种灵活性强、交易简单、效率高的再融资模式，被越来越多的企业采用。股权质押不仅能在短时间内为企业筹集大量的资金，填补资金缺口，还能使创始人掌握企业的话语权和控制权。

股权质押的程序相对简单，具体步骤如下。

（1）股权出质的企业召开董事会或股东会，做出股权质押的决议。

（2）股权质押的出质人向质权人提供贷款申请书、上一年度的财务报表和资产评估报告等资料。

（3）股权质押的出质人和质权人签订贷款合同和股权质押合同。

（4）出质人到市场监督管理局办理股权出质登记手续，并将股权交由市场监督管理局保管。

（5）出质人根据贷款合同和股权质押登记证明书办理贷款。

目前，国内采取股权质押融资的企业很多。但股市变幻莫测，一旦股票价格暴跌，股权质押融资会使企业面临被金融机构强制平仓的风险。例如，当股价下跌至警戒线时，企业须提前偿还债务或者补充质押；当股价下跌至平仓线时，企业可能会失去对上市子公司的控制权，被质押的企业则有被迫变更实际控制人的隐患。因此，企业在采用股权质押方式融资时，既要了解清楚如何申请股权质押，也要知道如何防范与化解股权质押融资的风险。

防范与化解股权质押融资的风险，既需要国家健全股权质押相关的法律法规，也需要企业履行信息披露的义务。企业不仅要披露出质人、出质人持有的股权情况、出质的股权数量和金额以及占总股本的份额等信息，还要表明股权质押的目的、获取资金后的实际用途。

同时，企业要加强内部监管，建立董事会制度，完善治理制度，对股东进行一定的约束，避免股东利用监管漏洞转移企业资产。出质人在质押股权时，一定要确保自己具备偿债能力，避免因其他股东多次质押股权、股价波动等问题导致失去股权所有权。

金融机构可以采取一系列举措来完善股权质押信息披露规范，从而维护各方的合法权益。具体而言，金融机构可以提高股权质押的门槛，严格筛选符合条件的出质人，降低潜在风险；对股权质押的每个环节都严格把关，确保流程合规、操作规范；建立失信人名单，对存在不良记录的出质人进行记录和警示。

通过这些措施，金融机构能够更好地推动股权质押市场的健康发展，保护各方利益，促进经济社会的繁荣稳定。

9.3.4 再融资方案之项目融资

项目融资是一种企业以项目的名义筹到一年期以上的资金，以项目营收承担债务偿还责任的融资模式。该融资模式可以细分为 BOT（Build-Operate-Transfer）模式、ABS（Asset-Backed Securitization）模式、PPP（Public-Private-Partnership）模式、PFI（Private-Finance-Initiative）模式等。

1. BOT 模式

BOT 模式在国内也叫"特许权"，是指企业发起项目后，从政府获得基础设施项目的建设和运营特许权，再成立设计、建造基础设施的企业。基础设施建设完毕后，企业通过运营基础设施向社会提供公共服务。

BOT 模式的优点在于，可以让政府在财政预算不够的情况下，仍能够在当地推行基础设施项目，而且不会增加政府的债务；国外企业对当地的投资建设，有利于当地引进先进的技术和管理制度，推动当地经济的发展。但是 BOT 模式也有不少缺点，如项目风险分担不均匀、项目回报周期长、税收流失等。

2. ABS 模式

ABS 模式指的是资产支持证券化融资，以项目拥有的资产的预期收益作为担保，通过在资本市场发行债券筹集项目建设所需的资金。很多国家和地区将 ABS 模式重点用于交通运输部门、能源部门和公共事业部门的项目建设。

相较于其他融资模式，ABS 模式的融资成本较低。在这个模式下，债券易于发行和推销，发行债券的负债不会反映在原始权益人的资产负债表上。因为投资风险被市场分散了，每一个投资者承担的风险也小了。

3. PPP 模式

PPP 模式即公私合营模式。在这个模式下，政府和企业作为合作伙伴，共同参与设计、建造、运营、维护项目中的基础设施，共同承担项目责任和融资风险。相较于 BOT 模式，PPP 模式不仅能使企业获得一定的投资回报，也能使政府对基础设施进行质量监管。

4. PFI 模式

PFI 模式是对 BOT 模式的优化。政府根据社会对基础设施的需求提出需要建设的项目，而企业则通过招投标的方式获得公共基础设施项目的特许权，在特许期内建设并运营该项目。特许期结束后，企业将项目归还给政府，并向政府收取一定的服务费用。

与 BOT 模式相比，PFI 模式的项目管理方式更开放，而且特许期结束后如果项目收益没有达到预期，企业可以继续向政府租借运营权。但是，PFI 模式下的企业不具备开发建设项目的能力，只能依靠各种代理关系完成。PFI 模式的项目主体必须是国内的企业，不能是国外的企业。

除上述几个融资模式外，还有BOO、BT、TOT、BOOT、BLT、BTO等融资模式，不过这些模式都是BOT模式的变体。不论企业采用什么融资模式，都要做好充分的准备，对自身有客观、充足的认知，不要向投资者盲目吹嘘项目，也不要疏于对自身内部组织的管理，必要时可以同时采用多种方法推动融资进度。

第 10 章
市值管理：善用螺旋桨模型

随着资本市场不断发展和完善，成功上市的企业不断增加，市值管理成为一个热门话题。然而，很多企业都不知道市值管理究竟是什么，也不理解市值管理为什么这么重要。本章就来解决这些问题。

10.1　你的企业到底值多少钱

市值管理与估值密切相关，在进行市值管理前，企业首先要做好估值工作，了解自己究竟值多少钱。否则，后续的一系列市值管理措施都可能会出现问题。

10.1.1　市值管理始于合理的估值

一般情况下，企业的价值越高，投资回报率就越高。但价值是一个抽象的概念，如何才能使其具象化、可量化呢？答案是将企业置于资本市场中接受检验，让投资者通过交易来评定其价值。这与产品的价值和价格的关系颇为相似，如果产品不进行交易，就没有价格，其价值也就无从体现。

在企业发展的不同阶段，其盈利能力、成长性和成长空间都有较大的差异，这会反映在企业的估值水平和股价上。随着企业规模的扩大，股价上涨越发困难，业绩增幅并不等同于股价增幅。当企业成长为市值比较大的巨头时，估值会成为影响股价上涨的重要变量。例如，要使某企业的市值增加1倍，那么正常情况下，这家企业的业绩增幅就要超过 1 倍。

市值计算公式为：市值 = 净利润 × 市盈率（PE）

其中，净利润是企业经营的结果。市盈率是资本市场给出的估值水平，它的影响因素和形成机制都来自资本市场。

从这个公式来看，企业有两条增加市值的途径：一是增加净利润，二是提高估值水平（市盈率）。因此，企业在进行市值管理时，既要管理净利润，又要管理估值水平，并重视二者之间的因果关系，以实现价值最大化。

估值作为市值管理的核心要素，是企业综合实力的直观体现。由于市值受到多种复杂因素的影响，因此市值管理的内容也很复杂。

合理的估值是企业进行市值管理的基础。通过对企业资产、负债、盈利能力、成长潜力等因素进行全面分析，确定一个符合企业实际情况的估值范围，企业可以建立清晰的价值体系。在这个基础上，企业还可以更有针对性地制定市值管理策略，实现价值最大化。

合理的估值有助于企业制订科学的融资计划。在融资过程中，投资者往往会根据企业的估值来判断其投资价值。一个过高的估值可能会让投资者望而却步，而一个过低的估值又可能会使企业错失融资良机。因此，一个合理的估值能够帮助企业在融资市场上找到平衡点，吸引更多的投资者。

此外，合理的估值还能促进企业内部的优化升级。通过对标行业中的优秀企业，企业可以找出自身在经营、管理、技术等方面的不足，进而制定改进措施，提升整体竞争力。这种基于合理估值的内部优化，有助于企业在激烈的市场竞争中脱颖而出，实现市值的持续增长。

综上所述，市值管理始于合理的估值。企业应当重视估值工作，确保估值的准确性和客观性，为市值管理提供有力支撑。同时，企业还应根据估值结果，灵活调整市值管理策略，不断提升自身价值，实现可持续发展。

10.1.2　估值方法一：相对估值

相对估值是指估值得到的不是股票价格的直接参考值，而是与不同历史时期和其他类似企业的股票进行纵向和横向的比较，由此得出所处的估值水平是高还是低。相对估值方法简单易懂，是常用的估值方法之一。目前，比较常用的相对估值法主要包括以下 4 种。

1. 市盈率法（PE 法）

市盈率是指在 12 个月或者一个会计年度的考察期内，企业估值和净利润的比率。

计算公式：市盈率＝企业估值 ÷ 年度净利润

企业估值＝市盈率 × 年度净利润

市盈率分为静态市盈率（历史市盈率 Trailing P/E）和动态市盈率（预期市盈率 Forward P/E）两种。其中，静态市盈率对应的是企业上一个财务年度的利润，或前 12 个月的利润；动态市盈率对应的是企业当前财务年度的利润，或未来 12 个月的利润。

市盈率的确定要从两个方面出发：一是将企业市盈率与行业平均市盈率，或行业未来两年的平均市盈率相比；二是企业的历史市盈率与预期市盈率。

当采用市盈率法进行盈利预测时，既要参考历史财务数据及增长率来预测企业未来业绩，又要根据未来合同订单、生产和销售计划等经营数据来预测企业未来业绩。市盈率法的优点是数据容易获得，有广泛的参照数据，适用于拥有轻资产的企业。

2. 市净率法（PB 法）

市净率是指每股股价与每股净资产的比率。相较于市盈率法，市净率法更适合拥有大量固定资产及账面价值的企业。

市净率法的优点是账面价值数据容易获取；估值稳定且直观；适用范围广，不仅适用于盈利企业，也适用于亏损企业；计算方法简单等。

3. 市盈率相对盈利增长比率法（PEG 法）

PEG 法是从 PE 法的基础上演变而来的。PEG= 每股股价 ÷ 每股盈利 ÷ 每股年度增长预测值，是市盈率和盈利增长率之比。在用 PEG 法估值时要考虑企业的成长性。"G"是英文单词 growth 的首字母大写，表示企业未来几年的复合增长率。因此，PEG 法更注重对企业未来的预期。

相较于 PE 法，PEG 法更注重考察企业未来的成长性，一般适用于高成长性企业。早期企业难以估值，而互联网这种高成长性企业，业务发展到一定程度后，会呈现爆发式增长。关于 PEG 值，有一个国际标准。PEG 值在 1 以下，说明企业的价值被低估了，投资者不看好企业未来的成长性。PEG 值大于 1，说明企业的价值被高估了，企业未来的成长性得到了市场的认可。PEG 值越接近于 1，企业的估值越准确。

假设某家企业的市盈率达到了 50 倍，在企业发展已经趋于稳定的阶段，这一估值水平相对较高。然而，如果该企业正处于高速成长期，且未来几年的净利润复合增长率达到了 50%，那么计算出的 PEG 值恰好为 1。在这种情况下，该企业的估值就相对合理，并不算高。

4. 市销率法（PS 法）

使用市销率法估值的前提是必须明确所涉及的销售额的主营构成，以及有无重大进出报表的项目。而且，需要找出企业在很长一段时间内的历史最低、最高和平均 3 个市销率区间，考察周期至少为 5 年或一个完整的经济周期。

因此，这一估值法适用于经营稳定、高速增长的企业或经营困难、没有利润的企业，不适用于业绩波动较大的企业。

采用相对估值法对企业价值进行评估时，需要对宏观经济、行业发展以及企

业概况进行综合评估。在建立估值模型时，企业应注意选择恰当的估值方法进行
估值比较，确保企业估值的合理性。

10.1.3　估值方法二：绝对估值

绝对估值法是通过预测企业未来的现金流（通常是股利或自由现金流），并
利用合适的折现率将其折现到现在，以此来确定股票的内在价值。这种方法的核
心在于对未来现金流的准确预测以及选择合适的折现率。

绝对估值法主要包括股利贴现模型（DDM）和折现现金流模型（DCF）。
其中，折现现金流模型又分为股权自由现金流模型（FCFE）和企业自由现金流
模型（FCFF）。简单来说，在实际的运用中，企业需要算出一段时间的自由现
金流，然后为未来的自由现金流估算一个永续价值，再将二者相加，最后估算出
企业的价值。

使用折现现金流模型对企业进行估值是一种常用的估值方法，它基于企业未
来的自由现金流来估算企业的价值。下面将通过一个具体的案例来详细阐述这一
方法的应用。

某企业是一家专注于可再生能源技术研发的创新型企业，该企业的创始人利
用 DCF 模型对企业进行估值，以了解其潜在的市场价值。

第一步：预测未来的自由现金流

该创始人预测企业未来几年的自由现金流。这通常涉及对企业未来的收入、
成本、税金以及必要的支出进行预测。需要注意的是，创始人的预测应该基于对
企业业务、市场环境以及竞争态势的深入理解。

例如，该创始人预测未来 5 年企业的自由现金流分别为：第一年 1000 万元，
第二年 1500 万元，第三年 2000 万元，第四年 2500 万元，第五年 3000 万元。

第二步：估算永续价值

在预测未来5年的自由现金流之后，该创始人需要估算企业未来的永续价值。这通常是通过假设一个稳定的增长率来实现的。

例如，该创始人假设5年后，企业的自由现金流将以5%的年增长率永续增长。该创始人可以使用折现率将这一永续价值折现到现在。折现率的选择通常反映了投资者对企业风险的评估。

第三步：计算DCF估值

该创始人将预测到的未来自由现金流和折现后的永续价值相加，得到企业当前的DCF估值。具体计算如下：

第一年至第五年的自由现金流折现值 $=\Sigma$ [第 n 年的自由现金流 $\div$ （1+ 折现率） n]

永续价值的折现值 = 永续价值 $\div$ （折现率 – 增长率）

DCF估值 = 第一年至第五年的自由现金流折现值 + 永续价值的折现值

通过这一系列的计算，该创始人就得到了企业的DCF估值。这个估值反映了市场对企业未来现金流的期望，并考虑了资金的时间价值和风险。

需要注意的是，DCF模型虽然是一种常用的估值方法，但存在一定的局限性。例如，它依赖于对未来现金流的预测，而对未来现金流的预测可能会受到多种因素的影响，如市场环境的变化、技术的进步等。因此，在使用DCF模型进行估值时，创始人需要谨慎考虑各种因素，并结合其他估值方法进行综合判断，以确保估值结果的准确性和可靠性。

10.2 管理好市值才能有高回报

市值管理对企业来说是非常重要的，不仅可以持续提升企业的价值，还可以帮助企业增强盈利能力，赢得更多投资者的青睐。

10.2.1　什么是市值管理

市值管理是企业综合利用多种科学、合规、合法的经营方式，以达到价值最大化目的的一种战略管理行为。在市值管理中，市值通常是指市场公允价值，会受到内在和外在因素的影响。具体来说，内在因素包括盈利情况、现金流水平、净资产收益率、溢价能力、投资能力等，外在因素包括市场估值水平、市场发展现状及趋势等。

目前，人们对市值管理的认知没有统一的标准。例如，有些人认为市值管理就是价值管理，可以通过增强企业的盈利能力实现；而有些人则认为市值管理是股本乘以股价，可以通过做大股本或提高股价来实现。但其实这两种观点都失之偏颇。

另外，关于市值管理，有些人认为它是从国外引进的概念。实际上，此概念是在市场发展过程中由国内企业逐渐摸索并提出的。在股权分置改革前，很多企业都非常关心如何实现盈利最大化，不过当时还没有市值管理的说法。

后来，随着股权分置改革正式开始，越来越多的股票涌入证券市场进行交易，市值逐渐成为衡量企业价值的一个重要标准。与此同时，市值管理的重要性与必要性逐渐凸显出来，并受到企业的关注和重视。

国务院曾经发布《关于进一步促进资本市场健康发展的若干意见》，其中明确提出，鼓励企业建立市值管理制度。该文件正式肯定了市值管理的地位。而且，证监会也表示，支持企业通过优化发展战略、完善管理体系、改进经营方式、培育核心竞争力等方式持续创造价值，实现市值与自身内在价值的动态平衡。

对企业来说，市值管理的核心是提升自身发展质量，尽力维护股东的合法权益，将股东和创始团队、管理层绑定，使其成为利益共同体。企业应该制定长期发展战略，借助各种资本工具实现稳定发展，进一步提升内在价值，并确保内在价值可以等同于甚至超过市值。

为此，企业可以采取多种措施。例如，在股价高涨阶段，企业可以通过适当减持股票等措施让股市降温；在股价低迷阶段，企业则可以低价增持或回购股票。

如果企业采取了不正当的措施，如操纵股价等，就会面临很大的风险。有些企业会打着"市值管理"的旗号实施操纵股价的行为。这些企业往往会借助收购、业务突破、合作意向等虚假利好消息刺激股价，等股价提高到一定水平后再高位退出。

通过这种方式提高的股价往往是昙花一现，很快就会下降，由此造成的损失通常由处于劣势的中小投资者承担。而一旦中小投资者被伤透了心，股价就很难再提高，企业的市值也无法再重回"巅峰"，甚至还会被证监会处罚。

某企业家曾经先后与多家企业的董事长或实际控制人联手操纵股票交易，控制了上百个证券账户，非法盈利高达 100 亿元。该行为最终被证监会发现，该企业家及其同伙受到了相应的处罚。因此，企业不可以随意操纵股价，要用正确的方式提升市值和内在价值。

需要注意的是，企业进行市值管理应该具有整体性。所谓整体性，是指企业应该为大多数股东服务，而不能只关心少数群体的利益。如果企业在创造和提升内在价值的同时，可以将内在价值准确、及时地传递给大多数股东，让他们切实享受到发展成果，那么他们会更尽心尽力地为企业发展做贡献。

真正的市值管理应该是深入挖掘促进内在价值增长的因素，设法实现市值的可持续提升。因此，企业不能将市值管理看作短期的股价管理，而应是一种长期的、可以实现内在价值最大化的行为。

10.2.2　账面价值、内在价值、市场价值

管理学领域将企业价值定义为：企业遵循价值规律，通过进行以价值为核心的管理，让所有企业利益相关者，包括股东、债权人、管理者、普通员工等，都能获得满意的回报的能力。企业价值越高，企业给予利益相关者回报的能力也就越高。简单来说，就是企业到底值多少钱，企业能创造多少财富。

企业的市值，实际上是市场在某个特定时期对企业综合状况的反馈与解读。然而，相较于企业的价值，市值往往更难以预测。因此，在实际操作中，人们很少会直接以企业的价值为依据来估算其市值。市值与价值之间虽相互影响，但市值的波动具有随机性，它会在价值的基础上产生上下浮动。同样，市值也能反过来影响企业的价值。一家市值高的企业，往往能更轻松地在市场中筹措到大笔资金，从而为其价值的进一步提升奠定基础。

通常情况下，企业价值是通过账面价值、内在价值和市场价值 3 个维度来综合体现的。这三者各有其合理性与适用性，共同构成了企业价值。

账面价值，即企业的净资产。它主要由过去的账面资产价值和当前的账面盈余所决定。虽然实现账面价值最大化是众多企业追求的目标，因为它代表着企业过去的辉煌成就，但仅仅依赖账面价值并不能预示企业未来一定会成功。因此，我们不难发现，有些账面价值表现优秀的企业在资本市场中的估值并不尽如人意。

那么，面对这样的困境，企业应如何应对呢？在关注账面价值的同时，企业还应重视内在价值。

内在价值，由于涉及企业在剩余存续期内可能产生的现金流量折现值，因此难以进行精确估算。对有形资产占比较小、轻资产运营的企业来说，如互联网企业、高新技术企业等，其未来的成长潜力和价值往往更为关键。因此，在估算企

业价值时，除了考虑账面价值，还需要将商业模式的成熟度、盈利模式的实际运作效果等要素纳入考量范畴。在具体操作上，企业可以运用清算价值法、持续经营法、市盈率估值法等多种方法，更全面地评估自身的价值。

市场价值实际上是企业市场溢价的体现。无论是在一级市场还是二级市场，企业都期望其市场价值能够得到充分体现，甚至超越其内在价值。为了实现这一目标，企业需要从市场管理的角度出发，通过不断创新商业模式、优化治理结构、加强投资者关系管理等方法，全面提升股票的溢价能力。

例如，巴菲特在 1988 年以 5 倍于账面价值的金额首次购入可口可乐的股票，占其总股本的 7%。他坚信，可口可乐的股票定价相较于其内在价值低了50%~70%。

可口可乐的内在价值由其未来预期能够创造的净现金流决定。1988 年，可口可乐的股东盈余为 8.28 亿美元，而当时国债的利率为 9%。根据贴现比例计算，巴菲特得出可口可乐的内在价值为 92 亿美元。而在巴菲特购买可口可乐股票时，其总市值达到了 148 亿美元。看似巴菲特出价过高，但实则这是其基于可口可乐的内在价值精确计算的结果。

当投资者愿意支付比市场价格高出 60% 的金额购买股票时，他一定是对企业未来的前景十分看好。巴菲特正是在这样的价值投资理念指导下，坚定地计算并购买了像可口可乐这样的优质企业的股票。

随着时间的推移，可口可乐在巴菲特等价值投资者的支持下，不仅向市场充分展示了其价值，也为投资者带来了丰厚的回报。它与投资者之间的合作与共赢，成为资本市场上的佳话。

从巴菲特的这一案例中，我们可以窥见企业价值演变的脉络。过去，企业只需要专注于产品市场，通过提升产品质量、降低成本、扩大利润来实现企业价值最大化。然而，随着资本市场日益成熟，企业创始人需要转变思维，将企业本身视为一种交易产品，追求内在价值的最大化，并努力争取更高的市场溢价。

10.2.3　溢价机制：不断提升市值

有时，即使企业面对的是完善、有前景、发展良好的市场，信息不对称的问题也依然会存在。在该问题的影响下，市值可能会超过企业的内在价值。这就是溢价。

溢价管理是市值管理的重要目标之一，不仅可以增加股东的财富，还有利于提升企业的社会形象，帮助企业降低融资难度和融资成本，促进企业长远发展。

那么，企业应该如何实现市值的溢价呢？具体可以从以下几个方面入手。

1. 打造突出而优异的核心业务

核心业务须精准定位，最好聚焦于某一细分领域，以确保企业具备强大的市场竞争力。当核心业务发展稳定、市场广阔，且企业掌握了一定的产品定价权时，企业的市值就会水涨船高，自然也会产生溢价。

2. 建立完善的管理体系

有效的管理是企业持续发展的基石，能够增强企业吸引人才的能力，提升投资者对企业的好感度，以及促进各类资源在企业内部的积聚。这些都有助于提升企业的市值。

事实上，投资者在做出投资决策时，十分看重企业的管理情况。全球知名咨询机构 IDC 提供的数据显示，在财务状况相似的情况下，投资者愿意为管理能力强的企业多支付高达 20%～27% 的溢价。

然而，有些企业未能正确对待管理问题，未能妥善处理大股东与小股东之间的利益关系，导致管理混乱、股东纠纷频发、团队氛围紧张。这拉低了企业在投资者心中的地位和形象，投资者自然不会给出高溢价。

因此，企业若不及时消除管理弊病，市值下降很可能会成为常态。只有不断完善管理体系，提升管理水平，企业才能赢得投资者的信任与青睐，实现市值的溢价，迈向更加辉煌的未来。

3. 整合高价值资源

很多资源都与市值息息相关，如社交资源、财务资源、金融资源、技术资源等，投资者在评估企业的市值时也会对这些资源进行分析。如果企业有相对稀缺且价值很高的资源，就可以享受资源带来的高溢价。

4. 尽快上市

企业一旦上市，就可以引入优质资产，提升资产质量，加快资产增长速度。另外，上市也可以帮助企业减少关联交易，提升管理能力和业务透明度。在价值创造效应的影响下，投资者通常会给已经顺利上市的企业一个比较高的定价，企业的市值也会因此得到提升。

5. 合理利用股市和股价

企业要想实现溢价，就应充分挖掘并利用股市的运行特点，掌握股价的周期性变动规律，在恰当的时机采取可以提升市值的策略，努力把企业做大、做强。

6. 加强关系管理

企业的溢价与四大关系的维护是密不可分的，即投资者关系、媒体关系、研究者关系、监管者关系。维护好这四大关系，有利于提升企业的透明度，实现企业与股市、社会各界的有效交流和沟通。需要注意的是，维护好这四大关系只能作为提升市值的辅助手段，而不能成为长期的工作重点。

7. 优化配置，尽可能被纳入特定指数

有些比较受欢迎的企业通常占据着重要战略地位，甚至可能是行业领袖。这些企业有机会被纳入特定指数，成为投资者不得不配置的投资标的，从而产生资

产配置溢价。

8. 加强文化建设

文化会影响企业的外部形象、社会责任感、内部氛围等，对企业有非常重要的作用。想产生溢价，企业就应该引入先进的文化理念，并根据自身的实际情况打造独特的企业文化。

溢价是企业综合实力的体现，也是投资者对企业经营和管理水平的认可。对企业来说，用正确的方式提升市值、享受溢价无可厚非，但若因此而走上"歪道"，那就得不偿失了。企业不能为了享受溢价而欺骗和伤害投资者，而应脚踏实地地提升自己的市值。

10.2.4　案例分析

中信证券是我国证监会核准成立的第一批综合类证券机构之一，在证券领域有非常强的影响力。凭借深厚的行业经验和强大的专业实力，中信证券在市值管理方面有着独到的策略和方法。那么，中信证券是如何进行市值管理的呢？下面对其进行具体讲解。

在股市整体形势不是很好，很多企业的股价下降，证券行业面临发展瓶颈时，中信证券做出了一个大胆的决策：采取反周期收购策略，在股市低迷阶段收购其他企业。于是，中信证券花费 1 亿元收购了万通证券，获得其 30.78% 的股权。随后几年，中信证券又多次增持万通证券的股权，持股比例高达 73.64%。

为了扩大商业版图，中信证券又计划以要约收购的方式收购广发证券，但中途双方出现股权纠纷，最终以失败告终。即使如此，中信证券也没有停止收购的步伐。之后，中信证券与建银投资达成合作，携手重组华夏证券，并成立了中信建投证券公司。中信证券在此次交易中出资 16.2 亿元，获得了中信建投证券公司 60% 的股权。

后来，中信证券又提出了收购金通证券的计划。此次收购用了 1 年的时间，中信证券建立了自己的全资子公司中信金通证券。

借助一系列收购事件，中信证券不仅占据了证券领域的龙头地位，营业额和总资产也都有了大幅提升，市值更是一路猛涨。

随着股市的整体形势逐渐好转，股价也开始回升。在这种情况下，中信证券的市值管理策略也随之调整：由之前的连续收购转变为连续融资。中信证券定向增发了 5 亿股股票，中国人寿保险（集团）公司与中国人寿保险股份有限公司分别认购了其中的 1.5 亿股和 3.5 亿股股票。当时的股价为 9.29 元 / 股，中信证券借助此次交易成功募集 46.45 亿元资金。

与此同时，中信证券的股本增至 29.815 亿股，净资产超过 100 亿元，成为当时我国净资产规模最大的证券机构。后来，中信证券又增发 3.34 亿股股票，价格为 74.91 元 / 股，成功募集约 250 亿元资金。

通过这两次公开融资，中信证券用较少的股权获得了大量资金。此后，中信证券的规模不断扩大，综合实力进一步增强，内在价值创造与实现能力显著提升。如今，中信证券的内在价值还在稳步提升，市值增加了近百倍，充分展现了其强大的市场竞争力和发展潜力。

10.3　5 种主流的市值管理模式

市值管理是一个比较复杂的事，如果企业不了解一些常用的市值管理模式，导致市值迟迟没有增长，甚至比之前还低，就会影响企业在市场上的地位和竞争力。本节介绍了 5 种主流的市值管理模式，企业可以根据实际情况自由选择，实现市值的稳步增长。这 5 种主流的市值管理模式分别是券商管理模式、大宗交易商管理模式、私募基金管理模式、财经公关商管理模式、咨询机构管理模式。

10.3.1 券商管理模式

近年来，资本市场中券商业务大规模兴起并呈现出蓬勃发展的态势。基于此，券商管理模式成为市值管理的重要模式之一。这一市值管理模式主要围绕盘活企业大股东的存量持股市值来展开。券商管理模式有 6 种方式，如图 10-1 所示。

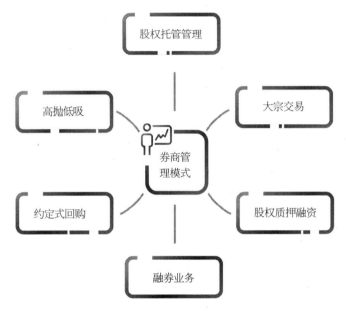

图 10-1 券商管理模式的 6 种方式

1. 股权托管管理

股权托管管理是一种高效的市值管理方式，其核心在于将企业大股东的股权委托给券商的特定营业部进行专业管理。这一策略能为券商带来稳定的经纪业务佣金收入，当大股东进行减持操作时，券商便能从中获取相应的服务费用。

对企业来说，股权托管管理可以为企业后续的市值管理奠定坚实的基础、创造有利的条件。

2. 大宗交易

当大股东持有的股票解禁时，大股东可能需要利用这些股票进行套现，但并不想在交易过程中冲击二级市场的股票价格，此时，券商便可以通过大宗交易这一方式帮助大股东实现目标。一方面，券商可以提供交易渠道；另一方面，券商可以自己接手这些股票或帮助大股东寻找其他接盘方。这能够有效满足大股东的套现需求，确保市场稳定运行。

3. 股权质押融资

当大股东持有的股票处于禁售期或大股东不愿降低自身持股比例，但有融资需求时，券商可以帮助大股东进行股权质押融资，即大股东将自身持有股权作为抵押，从券商处获取相应资金并约定好还款日期，到期时需要还本付息。

主板、中小板、创业板的股权质押率分别为 50%、40% 和 30% 左右，年利率为 7% 左右，高于银行利息，但放款速度快、效率高，且不限制资金的用途。

4. 融券业务

企业大股东所持有的股票标的为可融券股票，并且股票处于解禁状态，那么券商可以从大股东处对股票进行出借，约定到期归还。在归还时，券商需要向大股东支付约定的利息。

5. 约定式回购

若企业大股东所持有的股票不在融券标的范围内，而大股东又有较大资金需求时，券商可为大股东提供约定式回购的相关业务，即大股东将所持有的股票以约定价格向券商出售，并约定在特定时间段内以特定价格对股票进行回购。

6. 高抛低吸

这一管理方式为企业大股东将所持有的股票交由券商进行管理，券商根据市场行情对股票进行高抛低吸。到约定时限后，券商将股票归还给大股东，这一过程中产生的收益按双方事先约定好的比例进行分配。

以上 6 种方式是券商管理模式的主要开展方法，它们的共同点在于券商通过盘活企业大股东手中所持有的存量持股市值，来获取一定的利息收入或佣金收入。

10.3.2 大宗交易商管理模式

随着资本市场不断扩大，越来越多的民营中小型企业进入创业板或中小板。这些企业的创始股东或私募股权机构通常对减持套现有较大需求，以获取资金来改善生活或兑现投资收益。

然而，直接进行减持套现难免会在二级市场中对企业的股价造成冲击，因此减持方更倾向于通过开展大宗交易来完成减持。需求巨大的二级市场减持，为专门从事大宗交易活动的机构提供了大量的机会，由此兴起了大宗交易商管理模式。

通常情况下，在收市后，减持方会以收盘价的 9.6 折，将自身所需减持的股票出售给大宗交易商。这一交易会通过专门的大宗交易系统展开，交易后 2～3 天内，大宗交易商将会以不低于上一日收盘价 9.6 折的价格，再将股票售出。

交易股票的换手率将会对大宗交易的折扣率产生直接影响。换手率越高，折扣率也就越高，甚至有时还会出现溢价的情况。当换手率较低时，折扣率可能会低至 9 折。

大宗交易商的市值管理模式主要有以下两种。

1. 先拉升股价，后进行大宗交易

在这一市值管理模式下，企业的减持方须事先与大宗交易商达成合作意向，明确交易条件与分成方案。随后，大宗交易商凭借其雄厚的资本实力，在二级市场中积极操作，推动待交易股票的价格稳步上升。待股价达到预期后，减持方将以一定的折扣率将股票出售给大宗交易商。大宗交易商则会在 2～3 天内，以当

天的正常市场价格迅速抛售这些股票，从而完成整个交易过程。

2. 先进行大宗交易，后拉升股价

在这种市值管理模式下，企业的减持股东首先以正常价格的折扣率将股票出售给大宗交易商。交易完成后，大宗交易商将接手这些股票，并在二级市场中积极操作，推动股价逐步上升，直至达到预设的目标水平。在股价达到预期后，大宗交易商将择机出售这些股票，实现盈利。最后，大宗交易商与企业的股东将依据事先约定的分成方案，共同分享此次交易所带来的收益。

10.3.3 私募基金管理模式

在二级市场中，坐庄是一种高盈利与高风险并存的市场行为，而这一行为并不鲜见。二级市场中的私募基金是坐庄的重要参与者。

坐庄的方式并不固定，可以独立坐庄，也可以与企业联合坐庄，以降低市场风险，获得更大的胜算。由此，便兴起了一种以联合坐庄为主要方式的私募基金市值管理模式。

私募基金开展市值管理，需要先与企业的核心管理层或大股东制订详细的联合坐庄计划，包括收益分成比例、双方出资比例、企业需要配合的市场活动等。随后，则由庄家开始在二级市场中开展打压吸筹等一系列活动，企业进行配合，放出利空消息。

例如，建仓成本是每股15元，当吸筹达到控盘程度时，就可以进行股票拉升。此时，需要企业配合释放利好信号，包括新技术与产品实现重大突破、推出面向核心员工的股权激励方案、大额优质资产注入、大手笔开展对外并购、高比例送转股、年报中业绩大幅增长等。同时，私募基金还可以通过分析师推出推荐买入的相关报告，通过媒体等舆论手段对企业的可投资价值进行大规模宣传，不断拉升股价，最后将股票以高价出售，从中获取利润。

10.3.4　财经公关商管理模式

财经公关商的主要业务是为企业提供投资者关系管理与媒体关系管理服务，主要服务对象为即将上市或有上市想法的企业。财经公关商管理模式主要通过为企业做好价值营销来体现其价值。

在投资者关系管理方面，财经公关商主要通过为企业组织路演活动、针对投资者召开发布会与说明会等，来帮助企业在恰当时机进行信息披露，维护与投资者的关系。

在媒体关系管理方面，财经公关商主要通过在各种媒介、媒体上为企业发布正面报道，将企业价值用适当的方式传播出去；在舆论场中出现有关企业的负面舆论时，进行危机公关，及时处理舆情，避免负面舆论对企业造成不良影响。

财经公关商为企业进行市值管理的关键在于价值营销，当企业掌握了如何与投资者、媒体正确处理关系时，财经公关商的重要性就难以凸显出来了。

10.3.5　咨询机构管理模式

咨询机构是为企业提供知识、经验、策略等一系列咨询服务的机构。其业务类型主要包括资本运作咨询、信息化咨询、管控架构咨询、人力资源战略咨询、营销战略咨询、经营管理咨询等。

咨询机构为企业提供市值管理相关服务，主要通过提供相关战略、建议的方式来实现。在为企业制定适合其实际发展情况的战略的同时，管理咨询机构也为其提供与市值增长相关的发展战略。例如，通过资本市场展开并购或重组、进行产业管理与整合等，帮助企业实现外延式增长，不断拓宽利润来源，使企业的市值得到显著提升。

除了上述 5 种特点鲜明的市值管理模式，企业还可以采用其他市值管理模式，或采取多种市值管理模式相结合的方式开展市值管理。企业开展市值管理的关键在于，结合市场发展环境与自身市值变动信号，选择多种合规、有效、科学的价值经营手段，以实现企业价值的最大化。

规范、系统、科学的长效市值管理模式，不是着眼于市值的短期增长，而是使市值增长成为企业开展一切经营活动的导向，使企业能够在激烈的市场竞争中实现存续发展。

10.4 螺旋桨模型：市值管理必备工具

螺旋桨模型是一个非常实用的综合性市值管理工具。它由两个部分组成：一是以基本面为基础的"传动轴"，二是以资金、资产、市值波动为基础的 3 个"动能叶片"。在市值管理过程中，"传动轴"和"动能叶片"形成合力，共同推动着企业的发展和增长。

10.4.1 "传动轴"：深入的基本面分析

基本面，通常是指影响市值发展趋势的一些基础性因素及其发展情况。通过深入的基本面分析，企业可以更好地了解自己的市值，同时更全面地评估股票的未来潜力。下面将详细介绍基本面分析的 3 个层次，帮助企业提升市值管理水平和效率。

第一个层次：宏观分析

宏观分析主要包括经济增长情况分析、通货膨胀情况分析、货币政策分析、财政政策分析。通过宏观分析，企业可以了解某个国家或地区的经济水平和发展趋势，从而判断其对市场的影响。一般来说，经济增长情况良好、没有严重的通货膨胀、货币政策比较宽松、财政政策积极，就意味着市场表现好，企业的股价大概率会上涨，市值也会相应上涨。

第二个层次：企业所在行业分析

（1）行业生命周期。几乎所有行业都可以分为 4 个发展阶段：幼稚期、成长期、成熟期、衰退期。处于不同发展阶段的行业，其市值情况也有很大不同。如果企业所在的行业处于幼稚期或成长期，那么它就会有较大的潜力和盈利空间，市值增长会更加迅速；如果处于成熟期或衰退期，那么它的市场表现通常会比较差，市值表现大概率也会不尽如人意。

（2）行业结构。行业结构是指行业中各企业之间的竞争和协作关系，通常用波特五力模型来分析，包括供应商议价能力、买方议价能力、潜在竞争者进入市场的能力、替代品的替代能力、行业内现有竞争者的竞争能力。该模型可以帮助企业分析自己所在行业的竞争强度和盈利能力。一般来说，这五力越弱，企业面临的竞争越小，盈利能力越强，市值增长空间越大。

（3）行业动态。行业动态是指行业受到的由各种内外部因素导致的影响，如政策变化、技术创新与升级、市场需求变化、消费水平升级等。在这些因素的影响下，行业的发展方向、增长速度、竞争情况等也会发生变化，从而影响企业的市值及市值增长速度。

第三个层次：企业自身情况分析

企业自身情况分析属于微观分析，主要是对企业的经营情况、财务状况、发展战略等的分析，以判断企业会不会受到市场的影响，以及市场会对企业的市值产生什么影响。

（1）经营情况。经营情况往往能体现企业的经营效率和经营效果，也能反映企业的盈利能力和成长性，通常用营业收入、净利润、增长率等指标进行衡量。企业的经营情况好，市值就会高，其股价在市场上也就更有竞争力。

（2）财务状况。财务状况是指资产负债结构和现金流量等情况，通常以资产负债率、流动比率、速动比率等为指标进行衡量。企业的财务状况好，意味着企业的偿债能力比较强，资金利用率也更高。这样的企业也更容易得到投资者的信任，市值表现更好。

（3）发展战略。发展战略是企业为了实现目标而制定的规划和措施，主要包括产品战略、营销战略、技术战略等。发展战略在一定程度上决定了企业在市场上的竞争优势和潜力。通常发展战略明确、合理，且有一定的创新性的企业，更容易得到投资者的青睐，市值也更高。

在企业自身情况分析方面，除上述 3 个重点外，投资收益分析、重大事项分析、经营风险分析、成本与技术优势分析、品牌优势分析、产品市场占有情况分析、股权架构和管理团队分析等也很关键。这些因素也深刻地影响着企业的市场表现和市值。

基本面分析是一项综合性工作，需要企业从多个层次入手才能顺利完成。如今，这项工作已经成为市值管理的重要组成部分，企业应该掌握一些相关的实用方法和技巧，以便对市场和自己的市值有全面和深入的了解，从而更科学地制定市值管理方案，降低市值管理风险，进一步提升市值增长速度。

10.4.2　"动能叶片"：资金＋资产＋市值波动

在市值管理中，"动能叶片"指的是什么呢？就是资金、资产、市值波动。

1. 资金

资金是影响股价的重要因素之一，也可以反映市场情绪和投资者对企业发展前景的看法。当市场表现不错时，很多投资者都倾向于根据资金流入和流出的情况做出投资决策。久而久之，资金作为一个"动能叶片"，就会被广泛应用到市值管理中。

无论是经营企业还是进行市值管理，资金都很重要。即便企业的利润可观，一旦资金出现缺口，就很难生存下去。即便企业的资金能维持其正常运营，如果企业有大量坏账，也会对市值和企业的未来发展产生巨大的影响。

因此，即便是那些表现出高成长潜力的企业，如果其资金状况不好，也很难实现市值增长。企业可以借助融资来弥补资金缺口，但注意一定要把资金流出控制在一个合理的范围内，同时还要警惕财务风险。

还有一点不容忽视，那就是融资可能会对创业者持有的股权价值产生不利影响。以创业者小张为例，假设他持有企业 5% 的股权，在资金状况良好的情况下，企业估值为 1 亿元，那么小张手中股权的价值约为 500 万元。然而，一旦企业资金出现问题，为了维持运营，企业可能会增发股票，如增发 25% 的股票，这将导致小张的股权被稀释至 4%。如果企业的估值仍维持在 1 亿元，那么小张手中股权的价值会降至 400 万元。这种股权层面的价值变化是企业必须予以重视的。

此外，有些企业为了维持正常生产，不得不投入大量资金用于设备维护和升级。对于这样的企业，通常不能简单地根据资金状况来评估其市值，而要综合考虑其业务的实际特点以及资金的流出与流入是否合理等因素。这样才能更精准地评估企业的市值。

2. 资产

在市值管理中，资产其实就是企业的账面价值，即资产负债表上体现的全部资产与全部负债之间的差额。资产就像企业的土地，每一份股权就是被分割的每一块土地。土地上每年都会收获粮食，这些粮食就相当于企业的盈利。处于稳定发展状态的企业，盈利通常会分成两个部分：一部分用来继续购买资产，扩大经营；另一部分则用于分红，回馈股东。

在大多数情况下，市值与由资产决定的账面价值会存在明显的差别。股票上市交易后，市值随着市场变化而产生波动，可能高于账面价值，也可能低于账面价值。不过，在股票首次发行时，市值一般会高于账面价值。账面价值更多反映的是企业经营的历史成本情况，而非未来发展趋势。

如果某个企业发行的股票市值低于其账面价值，表明市场对这个企业的未来发展失去信心。相反，一旦该企业的市值超过其账面价值，表明市场对其发展前景十分认可。这种积极的市场反馈，会进一步推动市场为该企业赋予更高的市值，从而促使其账面价值进一步提升，形成一个良性的循环。

3. 市值波动

如果企业想提升自己在市场中的竞争力，实现可持续发展，就要密切关注市值的波动。按照市场发展情况来看，在一段时间内，市值会随着时间变化上下波动，如图 10-2 所示。

在图 10-2 中，直线代表的是内在价值，而曲线代表的则是市值的波动情况。如果这张图能够无限延伸，我们就会发现曲线与直线是大致重合的，这意味着曲线代表的市值一定能回归内在价值。然而，在短期发展过程中，由于企业的内外部环境中存在诸多非理性因素，影响了企业的发展，因此代表市值的曲线始终是呈现波动状态的。

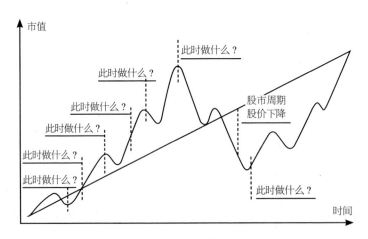

图 10-2　市值随着时间变化上下波动

对企业来说，在市值波动的关键节点做出的应对措施，就是其市值管理水平的体现。当市值低于内在价值时，企业可以做出相应的资本运作动作，如股权激励、回购、增持等。市值低于内在价值，意味着在这个节点购入股票的话，成本会相对较低。

当市值高于内在价值时，企业可以进行减持、换股并购、增发等资本运作动作，从而保证自己在市值波动期间竞争力进一步得到提升。这些资本运作动作能让企业在市场中以更低的成本融资。而且，企业还可以利用股权的溢价去获取其他企业的股权或资产，从而加速自身发展，使市值得到快速增长。

通过应用螺旋桨模型，企业能更好地改善资金情况，使账面价值和市值达到一种动态、科学的平衡，同时也能更好地应对各种波动情况，在变化中谋求发展，实现持续增长。

11 第11章
战略式扩张：集中力量扩大规模

随着各行业的竞争越来越激烈，很多企业都摩拳擦掌，希望尽快找到扩大规模的突破口，以实现进一步扩张。企业一旦达成了这个目标，就会快速增长，有机会成为"独角兽"。那么，企业应该如何扩张呢？可以使用多元化战略、内外延伸战略、生态化建设等手段。

11.1 多元化战略

企业实施多元化战略，不仅有助于扩大规模，更能精准满足各细分领域的差异化需求，从而占据更多的市场份额，提升市场竞争力。然而，企业扩张必须把握分寸，过度的盲目扩张极有可能使企业陷入失败的泥沼。因此，在推进多元化战略时，企业应审慎分析市场环境、自身实力和资源情况，确保扩张步伐稳健而有序，以实现可持续发展。

11.1.1 无论如何都不能放弃主营业务

企业的收入主要来源于主营业务，主营业务是其生存和发展的基础。企业应当先将主营业务经营好，追求最大的市场占有率和经济效益，并在此基础上兼顾多元化。

　　一些成功的扩张实践也证明，那些实行多元化战略、进行业务扩张，但依然以原有业务为中心的企业更容易获得成功。如果主营业务出现问题，其他业务也有可能会受到影响。下面是经营主营业务需要注意的几个问题，如图 11-1 所示。

01　生产操作流程化

02　追求核心产品价值最大化

03　定位目标市场

04　有效运营财务数据

05　各职能部门相互配合

图 11-1　经营主营业务需要注意的问题

1. 生产操作流程化

　　刚起步时，由于内外部环境还不稳定，因此企业应当将生存下去作为主要目标，通过优质的产品提升自身的核心竞争力，以迅速打开市场。而打造优质产品的基础是生产操作流程化、标准化，企业应当用数字化、时间化、品质化衡量生产工艺的每一个操作过程。

2. 追求核心产品价值最大化

　　产品是企业发展的内在依据，产品质量是企业的灵魂。产品的价值在于满足消费者的需求，生产优质产品是企业在任何时候都应该追求的目标。不管企业有多少种产品，必须打造一两种具有核心竞争力的产品。企业应当根据自身实力和特点，结合市场的需求，开发出独具特色的产品，为实施多元化战略做好充分的准备。

企业要想把产品做好，产品品种一定要少。只要将一两种产品做到极致，成功打造品牌，企业就能打造出核心竞争力。

因此，企业要想将产品做好，需要适当控制产品种类，打造出一两种明星产品，打造一个质量佳、知名度高的品牌，为其他产品带来连锁效应。

3. 定位目标市场

企业的价值体现在市场中，做好市场调研与预测是开拓市场的前提。企业要充分考虑自身的情况，确定目标市场，不要好高骛远。企业应及时把握市场动态，找准入场的时机，果断做出正确的决策。

例如，美国吉列公司通过市场调查发现女性对剃须刀存在潜在需求。于是，吉列公司便抓住了这一市场机遇，采用逆向思维方式，开发了女性剃须刀，在市场上引起了轰动。

保持市场份额往往比占领市场更难。因此，企业成功开拓市场后，要与用户保持良好的关系，提升用户的忠诚度，使其成为企业的口碑传播者。

4. 有效运营财务数据

财务数据是企业活动的数据化呈现，记录了企业发展过程中的所有数据。有效运用财务数据是将企业主营业务经营好的必然要求。财务数据可以反映企业各部门的绩效、各工作环节的实际运行效能。

财务管理是企业管理的重要组成部分，财务报告应当做到透明化、精确化，真实反映企业的每一项经营活动。财务分析评价的根本目的是从中发现问题、找到规律、得出启示，为企业管理者的决策提供依据。

5. 各职能部门相互配合

想要经营好主营业务，企业的各职能部门要相互配合，保证人尽其职、职尽所能。企业管理者应该遵循合理化原则来设置职能岗位，协调各部门、各环节以及各层级之间的冲突。企业管理者可以通过激励制度激发员工的潜能，使员工保持工作积极性和主动性。

此外，企业管理者需要对项目的实施过程进行控制，建立相关反馈机制和冲突处理机制，以便及时了解项目进度以及在不同阶段项目所面临的问题，避免出现杂乱无章、岗位空缺等情况，推进项目顺利实施。有效的企业管理机制可以营造一个和谐与竞争并存的工作氛围，让员工在竞争与协作中创造更大的价值。

11.1.2　进行商标延伸与打造

实施多元化战略要求企业进行有效的商标延伸与打造。因为要生产新产品、进入新市场、面对新用户，所以企业会面临一个新问题：如何让现有的商标形象在新的环境中得到用户的重新认识和接纳。

如果企业不能将现有的商标形象与新产品联系起来，那么很可能会让用户依旧停留在过去的认知中，这对企业的多元化发展是非常不利的。那么，企业应如何进行商标延伸与打造呢？

影响商标延伸与打造的主要因素是品牌核心价值的包容性。在一个商标被大众认识后，它就具备某种独特的品牌核心价值。如果这一核心价值能够涵盖企业计划拓展的新产品和新市场，那么商标延伸与打造才具备可行性。

万宝路就成功地进行了商标延伸与打造。从香烟延伸到牛仔服、牛仔裤、腰带、鸭舌帽等产品，万宝路的商标延伸之所以能够得到大众的认可和接受，源于其品牌核心价值的强大吸引力——男人气概和冒险精神。尽管这些产品与香烟没有直接联系，但正是核心价值的一致性，使得它的商标延伸取得了成功。而万宝路之所以未涉足西服品类，是因为"绅士风度"与其品牌的"男人气概和冒险精神"的核心价值相背离。

11.1.3　盲目扩张往往只能带来失败

多元化扩张本身没有问题，但是不顾自身条件，盲目扩张，过度多元化，就有可能给企业带来毁灭性的打击。

企业在决定是否要增加品类，实施多元化战略时，会遇到一个是先做大还是先做强的问题。有些企业急功近利、盲目扩张，导致最后走向失败。

例如，一提到三九集团，人们就会想到一个庞大的商业帝国。三九集团最初只是一家资产不到 500 万元的企业，但在董事长赵新先的带领下，三九集团的产品曾经风靡全国，拥有多家上市公司和数百家直属企业，资产达 200 多亿元。赵新先怀揣着雄心壮志，却在盲目扩张的道路上摔了个大跟头。

三九集团在不到 5 年的时间里从一家单纯的制药企业裂变成一个业务领域涉及商业、农业、酒业、媒体、房产、食品、餐饮、汽车的"庞然大物"。经过一番"折腾"，三九集团共欠银行贷款 98 亿元，陷入财务危机。后来，三九集团并入华润集团，成为其全资子公司。

企业就好比一个庞大的生态系统，采购、生产、销售、仓储、物流、经销商等环节构成了一个循环链。企业经营的产品种类越多，就越不容易防范各种风险，还会耗费大量资源，甚至会影响产品质量和销售效果。因此，企业不能片面地认为多元化扩张一定会带来好处。

诸多企业的实践证明，在激烈的市场竞争中，不遵循规律、盲目进行多元化扩张的企业通常难以抵御市场风险。具体来说，盲目进行多元化扩张可能会给企业带来 3 类风险，如图 11-2 所示。

图 11-2　盲目进行多元化扩张可能会给企业带来的风险

1. 系统风险

扩张意味着企业需要涉足多个领域、推出多种产品。不同的产品在生产工艺、技术开发、营销手段等方面各不相同，因此，企业实施扩张战略后，生产、技术、营销、管理等方面的人员需要熟悉新的工作领域和业务知识。此外，随着扩张战略的深入实施，企业内部原有的分工、协作、职责及利益平衡机制都将被打破。这无疑加大了管理难度，如果没有做好资源重新配置工作的话，那么企业的市场竞争力很可能会下降。

2. 资源分散风险

随着产品品类的增加，生产经营单位会变得更加分散，相应地，资源也会更加分散。这可能会导致企业的主营业务和原有核心产品受到冲击，甚至可能会导致企业被竞争对手超越。

3. 成本风险

成本风险也被称为代价风险，实施扩张战略是有成本的。如果企业为了进入新市场而投入巨大成本，但新市场却产生了负盈利，那么企业付出的代价就不仅是新市场的亏损，还包括进入新市场的成本。

一些企业管理者认为，"把鸡蛋放在不同的篮子里"可以降低经营风险。但如果每个"篮子"都需要很大的成本，那也未必能降低经营风险。

因此，企业在实施扩张战略时，必须结合自身实际情况和市场发展形势进行综合考虑，切忌盲目扩张。

11.1.4　案例分析

沃尔玛是全球最大的连锁零售商之一，总部位于美国阿肯色州的本顿维尔。沃尔玛成立于 1962 年，创始人为山姆·沃尔顿（Sam Walton）。沃尔玛之所以能够取得显著的成就，很重要的一个原因是它实施了真正适合自己的发展战略。

首先，沃尔玛建立了自己的销售组织，使用不同的营销方法来适应不同国家的不同市场需求。从加拿大到阿根廷再到中国，沃尔玛根据不同国家的消费和购物习惯调整了所出售的商品种类及商店陈设。

事实上，沃尔玛并不是第一个进军海外市场的美国零售商，但却是进军海外市场最成功的美国零售商。西尔斯、凯马特等企业都比沃尔玛进军海外市场早了10 多年，然而它们现在的发展状况却与沃尔玛大相径庭。

其次，沃尔玛实施低成本战略。它想方设法地降低采购原材料的成本、增加原材料的可获得性以及质量控制权，以解决库存积压和生产效率下降的问题。

对零售业来说，成本领先是主导战略，是企业打败竞争对手、赶超领先者的决定性因素。因此，沃尔玛非常重视成本领先，致力于将成本领先转化为一种无法被竞争对手简单模仿的、长期存在的、深深扎根于企业的竞争能力。

通过成本领先，沃尔玛打造了核心竞争力，即产品低价、种类多、名牌产品比例大、经营成本低、商店环境温馨、市场扩张速度快、售后服务优良等。

成本领先的意识在沃尔玛经营的方方面面都有体现，包括商店建设、从供应商手里低价拿货、通过高速分销系统给各个商店配送商品等。如此一来，沃尔玛节约了大量成本，能够以最低的零售价格将商品卖给顾客。

凭借自建销售组织和低成本战略，沃尔玛一跃成为世界上最大的连锁零售企业之一，其业务遍布全球各地，受到了消费者的认可和喜爱。

11.2　内外延伸战略

在当今快速变化的市场环境中，企业为了保持竞争优势并实现可持续发展，必须不断探索并采用有效的扩张手段。其中，内外延伸战略作为一种重要的扩张方式，正日益受到企业的青睐。通过内部资源的优化和外部市场的拓展，企业能够实现规模的扩大、业务的多元化和市场份额的增加。

11.2.1　内生性增长：自我造血

内生性增长是企业发展的核心驱动力，主要依赖于企业现有的资产与业务，而非外部的兼并或收购。其核心在于确保企业的收益在不受外力推动的情况下实现稳定增长，而内在的技术进步是推动企业增长不可或缺的因素。

在大多数股东看来，企业能否实现内生性增长尤为重要，因为这往往意味着企业核心竞争力的提升。当企业步入商业周期的高峰时，其业绩与股价的增长将更加稳健与持久。

以华为为例，这家全球知名的科技公司是一个内生性增长企业的典范。华为始终坚持自主创新，通过持续研发，不断推出具有竞争力的新产品和解决方案，从而实现了业务的快速增长和市场份额的持续增加。

华为的内生性增长主要体现在以下几个方面。

首先，华为高度重视研发创新。每年，华为都会将大量资金投入研发领域，用于开发新技术、新产品和新服务。这种持续的创新投入使得华为能够在激烈的市场竞争中保持领先地位，不断推出符合市场需求的高品质产品。

其次，华为通过优化内部管理，提高运营效率，实现了成本的降低和利润的增加。华为建立了一套完善的管理体系，通过精细化的管理手段，确保企业各项业务能够高效运转，从而实现收益的稳定增长。

最后，华为还积极拓展国际市场，通过全球化战略，实现了业务的多元化和市场的扩大。华为的产品和服务已经覆盖全球多个国家和地区，为企业的增长提供了广阔的空间。

正是由于这些内生性增长，华为才得以在竞争激烈的科技行业中脱颖而出，成为全球领先的科技企业之一。其业绩和股价也呈现出稳健的增长态势，赢得了广大股东的认可和支持。

再如，江苏鱼跃医疗设备股份有限公司（以下简称"鱼跃医疗"）是我国知名的医疗设备企业，经过十余年的发展，鱼跃医疗已成长为集医疗设备研发、生产、销售于一体的综合性大型医疗企业。

在探索内生性增长方面，鱼跃医疗采取了多种措施。

一方面，鱼跃医疗与清华大学、江苏大学等高校签署了合作协议，建立了研发合作关系，并设立了博士后科研工作站。通过充分发挥人才和技术的优势，鱼跃医疗的研发力量得到了增强。技术创新机制与优势确保了鱼跃医疗的产品技术水平始终处于行业领先地位。

另一方面，鱼跃医疗在企业内部实施了股权融资计划。自成立以来，鱼跃医疗的资金需求一直较大，且业绩快速增长与规模扩张对资金链也提出了挑战，而内部股权融资为其正常运营提供了强有力的资金支持。这使得鱼跃医疗在发展过程中能够保持较低的负债率。

与高校的产学研合作提高了鱼跃医疗的技术水平，为其培养了更多的专业技术人才，而内部股权融资则显著增强了鱼跃医疗的资金实力。这两个方面都体现了鱼跃医疗的内生性增长能力。正是得益于强大的内生性增长能力，鱼跃医疗才能实现快速发展。

11.2.2　外延性增长：产融结合

外延性增长主要指的是产融结合。真正的产融结合是以企业为平台，打造以金融控股平台为核心的多元化布局，通过对其他企业的控股或参股形成产融结合的股权结构，通过对股权的合理交易和安排，达到提高股权资产收益和增加市值的目的。

下面以复星国际有限公司（以下简称"复星"）为例，讲解一下它是如何通过产融结合实现外延性增长的。

通过研究学习众多对标企业，在顺应经济周期变化的前提下，复星的产融模式从"产业运营"模式进化到"产业＋投资"模式，再进化到"产业＋保险＋投资"模式。复星努力通过学习世界级商业巨头的成功经验，来探索一条属于自己的道路，如图 11-3 所示。

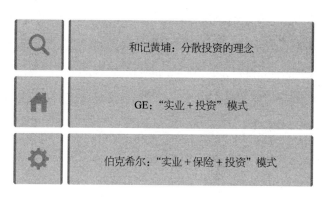

图 11-3　复星学习世界级商业巨头的成功经验

1. 和记黄埔：分散投资的理念

复星与和记黄埔在业务形态上相似，都是通过"产业＋投资"的方式实现发展，而且均涉足零售、医药和地产领域。复星汲取和记黄埔通过分散投资来分散风险的经验，由于房地产、商贸零售、钢铁矿业、医药四大板块的关联度不强，因此可以抵抗行业周期对企业利润的影响。

复星拓展的项目主要集中在房地产、钢铁矿业等利润与风险并存的领域；商贸零售现金流充沛，发展态势相对稳健；医药行业研发投入大，具有持续高速增长的能力。由于这些项目的相关度低且回报周期不同，因此不同项目间可以形成互补，进一步提升了复星的整体抗风险能力。

2. GE："实业＋投资"模式

随着规模不断扩大，复星变得既像和记黄埔，又像 GE。复星从 GE 身上主要学到了两点。

（1）产业与金融的深度融合。GE 通过建立金融服务板块，为其产业部门提供必要的金融支持。复星深受启发，同样结合自身产业优势进行投资与并购，实现了产业与金融的良性互动。

（2）选择并购或投资标的的原则。复星与 GE 都是从实业起家，进而涉足金融和投资领域的。GE 在选择并购或投资对象时，始终坚持与自身产业战略相契合的原则。复星亦是如此，将并购重点聚焦在医药行业、矿业等领域：依托复星医药在医药领域的资源优势进行并购，同时基于建龙集团与南钢股份在钢铁领域的丰富经验，进行矿业的投资和并购。这使得复星在扩大业务规模的同时，也确保了投资效益的最大化。

3. 伯克希尔："实业＋保险＋投资"模式

复星从伯克希尔那里同样学到了两点：一是通过保险业务找到"便宜的钱"；二是坚持价值投资，将资金投向"便宜的项目"，以获得最大的回报，为扩张提供现金流。

伯克希尔产融结合模式的核心是保险业务，其旗下有多家保险企业，如 GEICO、General Re（通用再保险）。

复星在深入研究伯克希尔的保险业务后，逐渐明确了自己的保险业务发展方向，提出"构建以保险业务为核心的大型投资集团"的战略目标，并在保险领域展开了快速布局，使得其保险业务板块日益强大。

除了保险，伯克希尔还拥有被巴菲特称为"五大引擎"的 5 个实业企业：伯克希尔能源公司（前身是 MidAmerican 能源公司）、BNSF（伯灵顿北方圣达菲铁路公司）、IMC（国际金属加工公司）、Lubrizol（路博润特种化学品公司）以及 Marmon（马尔蒙控股公司）。

伯克希尔的投资分为财务投资、战略投资和收购控股三类，通过大力发展实业、投资基础设施和高端制造，实现了更加直接和强大的价值创造。

复星和伯克希尔虽然在构建"实业＋保险＋投资"模式的起点上有所不同，但殊途同归，都形成了以保险业务为核心的投资集团。

为了找到"便宜的钱"，伯克希尔开始发展保险业务，进行多元化投资和打造工业集团，最终形成了"实业＋保险＋投资"的模式。起步于实业的复星学习伯克希尔的经验，同样打造了"产业＋保险＋投资"的模式，构建了"保险＋投资"双轮驱动的投资和并购模式，将保险业务当作投资能力对接长期优质资本的桥梁。

无论是复星还是伯克希尔，都是通过产融结合创造更大的内在价值和市场价值。复星的案例告诉我们，产融结合并非易事，需要企业不断完善自身，立足实际情况，探索适合自己的发展道路。

11.3　生态化建设

在如今的商业环境中，企业的扩张不再仅仅依赖于传统的资源和资本积累，而更多的是需要构建一个健康、多元的生态系统。生态化建设，作为一种创新的扩张手段，逐渐成为企业实现可持续发展的关键所在。通过构建与合作伙伴、供应商、用户等多方共赢的生态体系，企业能够打破传统界限，汇聚更多资源，实现更高效的价值创造和传递。

11.3.1　连接上下游，整合产业链

在生态化建设中，产业链是非常重要的一个环节。企业为了扩大商业版图，将更多优秀的合作伙伴纳入自己的生态圈，企业需要打通产业链，连接上下游。打通产业链的首要任务是将一般思维转变为整合思维。一般思维和整合思维的区别，如表 11-1 所示。

表 11-1　一般思维和整合思维的区别

一般思维	整合思维
自己创造	整合资源，让别人为我所用
先获得	先付出
以自己为中心	以对方为中心
先考虑自己想要什么	先考虑对方想要什么
需要对方为自己做什么	自己能为对方做什么
对方非自愿	对方自愿
整合难度较大	整合较为容易

整合思维的本质是：一个人在知道自己想要什么资源以及这些资源在谁手中后，会以对方为中心，先调查对方想要什么，通过提供对方需要的资源获得其信任和认可，然后让对方自愿提供自己需要的资源。换言之，企业既明确自己想要的资源，也了解别人想要的资源，然后通过资源交换获得自己需要的资源，就是整合思维。

企业把那些单一、微不足道的资源整合在一起，就能获得更大的力量。例如，

分众传媒是把人们等电梯的碎片化时间整合起来，为广告主提供了一个精准投放广告的平台，从而实现了广告效益的最大化；团购网站则通过整合零散的消费者，将他们凝聚成一个消费团体，这样不仅为消费者带来了更优惠的价格，也为商家增加了销售产品的机会。

张某创办了一家自动化企业，2023 年以来，他感到机器人产业不像之前那么火热，因为此类企业受到的关注明显比之前少了很多。换言之，机器人产业的发展正在减速，未来该产业将进入平稳运行阶段。为什么会出现这种情况呢？因为无论是创业者，还是为创业者提供支持的投资者，都变得越来越理性。他们开始从长远的角度考虑整个产业的发展前景。

面对机器人产业进入平稳期这个现实，张某不想坐以待毙。他开始探索新的发展模式，希望拯救自己的企业。经过一段时间的思考，他决定发挥企业的技术优势，以技术为基础打通机器人产业链，整合上下游的资源。因为这样有利于挖掘出机器人产业的利润蓝海。

之前，张某的企业只进行编码器的设计与生产。现在，除编码器外，该企业还研发编码器芯片。2023 年底，该企业成功研发出一款质量很好的编码器芯片。以往该企业的编码器都是搭载国外企业生产的芯片，价格非常高。而现在企业有了自主研发的芯片，编码器的整体成本大幅降低，企业的竞争力得到了提升。

为了在机器人产业的下游进行布局。2024 年 2 月，该企业推出了面向五金业的机床产品。机床的核心部件是编码器，该企业将编码器安装在机床上，使得机床的质量更有保障。另外，因为编码器芯片是该企业自主研发的，不用从市场上购买，所以该企业生产的机床的市场价格是其他厂商的成本价格，竞争优势非常明显。

综上，通过对机器人产业的上下游进行延伸，张某找到了自己企业赖以生存的利润蓝海。当其他企业还在集中资源和精力研发机器人时，该企业快人一步，扩大了业务范围，在市场上占据了优势地位。

基于我国复杂多变的商业环境，企业要想"走出去"，光靠单一的业务是远远不够的，还必须在组织能力上表现出强大的扩张性和整合性。另外，企业的产品、技术、销售、服务、管理能力以及财务水平等也都必须有优势。当一家企业在每一个板块上都极具实力时，它自然会有更大的竞争力，能不断降低成本，获得更高利润。

11.3.2　打造商业同盟，维持稳定增长

很多企业管理者认为，打造商业同盟就是从别人那里获取资源。这种想法其实是错误的。想要打造商业同盟，自己一定要先付出。不愿意先付出的企业，通常不会获得其他企业的帮助。那么，如何打造商业同盟，实现优势互补，相互成就？如图 11-4 所示。

1	充分利用自己手中的资源
2	合作研发产品
3	共同经营
4	联合促销

图 11-4　如何打造商业同盟

1. 充分利用自己手中的资源

企业若想获得其他企业的支持，就应当充分利用自己手中的资源。这意味着企业需要主动将自己的资源与其他企业共享，只有这样，才能让其他企业的优势

资源为己所用。

在资源的交换中，有一个简单的公式：你的资源＋我的资源＝大家的资源。然而，在寻求资源的过程中，企业往往会忽略这样一个问题：别人的资源有很大的价值，自己的资源有什么价值呢？正所谓"栽好梧桐树，引来金凤凰"。只有企业自己的资源具备足够的价值，才能吸引更多有价值的资源。因此，提升自身的价值，是企业进行资源交换的关键所在。

2. 合作研发产品

当前，技术的发展呈现出分散化的趋势，没有任何一个企业能够长期垄断某种产品的最新技术。在这样的背景下，大多数企业都积极寻求外部资源的支持，强化内外资源联动。研发新产品是一项极其复杂的任务，从创意的产生到产品的问世，企业需要投入大量的时间和资金。然而，由于市场环境瞬息万变，新产品上市的成功率往往不高。

因此，越来越多的企业选择共同开发新产品。这种方式可以整合双方的资源，使双方能够进行深度的技术交流，共同解决技术难题，降低人力资源的闲置率，并有效分散风险。同时，双方还可以借助新产品对现有的产品线进行改造和升级，不断推陈出新，进而提升自己在市场上的竞争力。

3. 共同经营

通过共同经营，合作各方可以将各自拥有的资源整合在一起，形成一股强大的合力。在共同经营的过程中，各方共享资源、共担风险，各方的资源和能力能够形成互补，实现共同发展。

4. 联合促销

在资源共享的基础上，两个或两个以上的企业可以开展联合促销活动。这种合作方式使得各方能够充分发挥各自的优势，实现优势互补。联合促销的本质是借助外部资源，实现企业促销效益的最大化。联合促销可以消除或缓解销售压力，使联合体内的各方都能以最少的投入获得最大的促销效果。

常见的联合促销手段是与其他行业联合促销，这是因为不同行业之间不但不存在直接竞争，而且能够实现优势互补。

久久丫是国内知名的熟食企业，在全国拥有几百家连锁店。2006 年，久久丫一直苦于无法打开南方市场。后来，恰逢德国世界杯足球赛举行，久久丫决定借助德国世界杯这个机会，从球迷身上找到突破口。

很多球迷都喜欢在看足球时喝啤酒。久久丫认为，啤酒搭配鸭脖，肯定能满足球迷的需求。出于这样的设想，久久丫主动找到青岛啤酒，提出联合营销的建议。

青岛啤酒冠名了央视的世界杯栏目，久久丫希望能与青岛啤酒联手，在节约成本的前提下，加大品牌的市场推广力度，提升品牌知名度与美誉度。而对青岛啤酒来说，久久丫数百家门店所形成的庞大销售网络有着很大的吸引力。考虑到能够实现双赢，青岛啤酒选择与久久丫合作。

青岛啤酒与久久丫在上海、北京、广州等地召开联合新闻发布会，宣布开展世界杯联合营销活动，推出"久久丫鸭脖 + 青岛啤酒"组合产品。双方联合喊出了"看世界杯，喝青岛啤酒，啃久久丫"的口号，使久久丫的鸭脖产品在全国范围内风靡一时。

久久丫与青岛啤酒的合作获得巨大的成功。仅世界杯第一天，久久丫的全国销量就增长了超过 70%，部分连锁店的鸭脖产品甚至出现了脱销。久久丫 1 个月售出了超过 200 万根鸭脖，全国营业额达到 1800 万元，而久久丫投入的成本只有 150 万元左右。

这一成功案例充分展示了资源整合的巨大魅力和威力。企业之间进行合作，能够相互成就，实现共赢，使资源整合发挥出"1+1 ＞ 2"的效果。

11.3.3　利益分配：形成科学机制

在生态链建设过程中，生态链上各方之间的关系不可能完全对等，因此，在进行利益分配时，可能会产生各种各样的问题。要想使各方保持长久的合作关系，就要在合作初期建立各方都认可的利益分配机制，避免未来因利益分配而引发争论与分裂。

在大多数情况下，各方之间的合作都是由利益驱使的。各方之所以认同合作计划，是因为可以获得相应的利益。因此，利益分配机制越明确，各方之间的利益关系越透明，越有利于合作有序开展。

在建立利益分配机制时，各方应尽量将自己投入的资源量化。例如，对于各方提供的资金、技术、渠道、营销知识等资源，通过量化其价值，便能得出各方在合作中贡献的价值及所占的比例。然后，各方可以秉持"谁创造价值，谁分配利益"的原则，根据量化后的贡献比例合理分配利益，以实现回报与投入对等。

合作时，各方要做到去中心化，但分配利益时，就要有明确的权利归属。各方应该在合作初期就确定分配利益的决策方，如哪家企业拥有决定性的一票否决权。同时，各方也要提前约定，在无法统一意见时，多数人达到什么比例可以通过决策，如比例达到 2/3 即可通过决策。

利益分配机制要遵守资本保全原则，即在分配利益时不能侵蚀资本。分配利益建立在产生利润的基础上，如果运营过程中发生了亏损，应该在弥补亏损的基础上再进行利益分配。

利益分配机制是否合理决定了合作能否持续下去，无论哪一方，都要做到兼顾各方利益，从根本上做到利益分配的公平、公正、公开，不允许任何一方随意多占。

很多企业在分配利益时斤斤计较，这在合作中是不可取的。合作的核心是共赢。当企业已经享受到合作的好处，并获得了自己所需的资源时，在利益分配时退让一步，反而能赢得更大的发展空间。

12 第 12 章
并购：资源整合助力财富梦

在全球化浪潮的推动下，企业间的并购活动日益频繁。并购，就是多家原本独立的企业通过合并成为一家全新的企业，其中一家企业扮演主导角色，吸收其他企业成为其中的一部分。这一战略举措不仅能使企业的资源得到高效的利用，还能显著拓宽企业的业务范围，有效分散经营风险，实现多元化发展。

12.1 什么是并购

在竞争激烈的市场环境中，并购已成为企业提升竞争力、实现跨越式发展的重要手段。可以说，企业的每一次成长和突破，都可能伴随着并购；每一次业务扩张和延伸，都可能以并购为基础。然而，许多企业对并购的深层含义和实际操作并不了解，甚至对其产生疑虑。因此，本节将深入探索并购的奥秘，揭示其背后的策略与智慧，帮助企业更好地理解和应对并购带来的机遇与挑战。

12.1.1 并购有什么作用

并购是企业进行产业结构调整、优化资源配置、提升竞争力的重要方法，也是拓展市场、提升价值的主要渠道。

并购在企业发展中具有多方面的作用，主要体现在以下几个方面。

第一，并购可以带来规模经济效应。通过横向并购，同一行业的两家企业合并，可以扩大生产规模，降低生产经营成本，实现资源互补和共享，从而提高企业的经济效益。此外，纵向并购可以使企业对原材料和销售渠道的控制力增强，提高市场竞争力。

第二，并购有助于增强企业的市场主导效应。并购可以增加企业对市场的控制力，通过减少竞争、扩大市场份额，进一步增加企业的溢价权和资源控制权。无论是横向并购还是纵向并购，都可以提高企业的市场影响力，增强企业的竞争优势。

第三，并购可以实现资源的优化配置和共享。通过并购，企业可以整合双方的资源，包括人力资源、技术资本、生产能力、供应链等，从而提升企业的产能和业务运作效率，提高生产效益和产品质量。资源的整合有助于企业更好地满足市场需求，实现可持续发展。

第四，并购可以使企业实现多元化发展。通过收购其他企业，企业可以进入新的市场或扩大现有市场的份额，分散风险，增强稳定性和抗风险能力。同时，企业还可以借助被并购方的技术专长和创新能力，拓展自身的产品线，提高市场竞争力。

第五，并购可以带来财务上的好处。通过并购，企业可以获得财务上的协同效应，提高盈利能力、降低成本。同时，并购可以为企业提供更多的融资机会和渠道，有助于企业的长期发展。

很多大型企业都是通过不同程度或不同方式的并购成长起来的。例如，创建之初，阿里巴巴的规模非常小。在发展过程中，它通过不断并购，实现了快速扩张。阿里巴巴在发展过程中不断采取并购战略，最终成为我国名副其实的、规模最大的电商企业。可以预见，阿里巴巴将在扩张道路上继续前进，并积极进军全球市场。

12.1.2　不可不知的并购类型

企业的并购类型有很多，根据行业相关性，主要分为横向并购、纵向并购和混合并购。

1. 横向并购

横向并购指的是相同行业的两个企业之间的并购行为。并购双方在行业中原本是竞争关系。横向并购能够帮助企业横向扩张，扩大规模，提升竞争力。

青岛啤酒的并购过程是典型的横向并购。上市之后，青岛啤酒凭借政策实施、品牌打造、技术研发、科学管理等方面的优势，主打品牌战略，坚持走"高起点发展，低成本扩张"的道路，在啤酒业掀起了并购浪潮。

1994 年，青岛啤酒收购扬州啤酒厂，率先开启我国啤酒行业的异地收购扩张浪潮。

1996 年，青岛啤酒只有品牌没有规模，产量为 35 万吨，市场占有率仅为 2%左右。这时，青岛啤酒的定位是中高端商品，但当时消费市场中大多数商品的定位为低端商品。

1998 年，青岛啤酒率先在行业内实施"大名牌战略"，加快扩张速度，尝试用低成本在短时间内提高市场占有率，通过规模效应做大做强。1998－2001 年，青岛啤酒并购的步伐加快，并购了 40 多家啤酒生产企业，成为全国产销量最大的啤酒生产企业。

2002 年，青岛啤酒的并购策略有了新的变化。2002 年 9 月，青岛啤酒与美国 AB 集团签署战略合作协议，约定青岛啤酒分 3 次向 AB 集团定向增发可转换债券。这一交易使 AB 集团持有青岛啤酒 27% 的股份，成为其重要的股东。

2010 年，青岛啤酒以 20 亿元的价格完成了对西湖啤酒的并购。这一并购显著增强了青岛啤酒在南方市场的地位，并为其进一步拓展全国市场打下了坚实的基础。

如今，青岛啤酒的发展越来越成熟。它逐渐放慢并购节奏，致力于调整组织架构，进行品牌整合，俨然成为啤酒业的巨头。

事实上，横向并购就是收购竞争对手，与竞争对手进行合并。资本市场的投资者认为，横向并购可能带来正向的经营协同效应和正向的财务协同效应，能迅速扩大生产经营规模，实现低成本扩张；在更大的范围内进行专业化分工，形成集约化经营。

2. 纵向并购

纵向并购指的是企业与供应链上下游企业之间的并购行为。并购双方在经营业务上存在密切关系，但处于不同的产销阶段。只要并购双方存在上下游关系，其并购行为就属于纵向并购。纵向并购根据方向不同，可以分为前向并购与后向并购两种类型。其中，前向并购指的是被并购方在下游，后向并购指的是被并购方在上游。

资本市场的投资者将纵向并购解读为利好消息，认为纵向并购同样也能带来正向的经营协同效应、管理协同效应和转型升级协同效应。

正向的经营协同效应是指通过产业链整合降低生产成本和交易成本；正向的管理协同效应是指效率高的企业并购效率低的企业后，效率低的企业的管理效率得以提升；正向的转型升级协同效应是指通过收购调整产业结构，实现主营业务从价值链的末端向前端转移。

例如，紫光集团在电子信息产业链内实行的并购，富士康集团电子产品产业链的并购都是较为典型的纵向并购。

3. 混合并购

混合并购指的是不同行业的企业之间的并购行为，即并购双方处于不同的行业，且并购双方在经营上没有上下游关系。资本市场中经常出现的跨界并购就属于混合并购的范畴。有些混合并购的目的是实现企业的战略发展。

例如，中国泛海控股集团先收购了在纽交所上市的美国大型综合金融保险集团 Genworth Financial 已发行的全部股票，后又收购了民安财产保险有限公司51% 的股权以及华富国际控股有限公司 51% 的股权。这些收购活动加速了中国泛海控股集团的发展，促使其市值不断提升，推动其成为以金融为主导、以产业为基础、以互联网为平台的产融一体化的国际化企业集团。

12.1.3　协同效应：并购 + 市值管理

并购有助于企业提升市值，在并购过程中，企业也要做好市值管理，实现并购与市值管理的相互影响、相互推动。

1. 市值管理与并购工作的系统筹划

在推动市值增长的过程中，并购工作需要经过精心策划，有序推进。尽管并购本身是一个具体的行动，但其前期工作，如方向选择、目标筛选以及尽职调查等，往往耗时较长。在这个过程中，企业应同步进行市值管理，对市场周期进行深入研究，制订科学的盈余管理计划。

然而，有些企业未能将这两项工作统筹规划好，并购与市值管理分别由不同部门负责，导致市值管理在并购过程中未能发挥有效支持作用，而并购也无法为市值增长提供推动力。

2. 并购方向应符合企业的投资方向

并购作为企业实现战略目标的一种手段，其方向选择应当紧密围绕企业的核心竞争力和市场需求。企业应当通过深入分析行业趋势、竞争格局以及自身实力，明确自身的投资方向和重点，进而确定并购的目标企业和业务领域。这样，并购活动才能有效地增强企业的市场竞争力，提升企业的市场地位。

3. 做好信息披露与价值推广工作

由于二级市场的价值判断和预期受市场波动的影响较大，在并购过程中，价值推广的深度和广度决定了市场如何判断企业的并购行为，因此企业应做好信息披露工作，引导投资者形成合理的预期，并有效管理价值判断，使得并购工作在服务于企业市值管理工作的前提下进行。

有些企业在信息披露中不诚恳，披露好消息、隐瞒坏消息，使得二级市场投资者对企业的经营策略产生疑惑，不理解企业并购的意义，致使投资者对企业的并购行为难以产生认同感，最终导致企业花费大量时间和资金进行并购，市值反而降低了。

综上所述，并购与市值管理之间会相互影响、相互促进。企业并购优质资产，可以进一步提升其市值；而市值管理也为企业未来的并购活动提供了更为有利的条件。在这种良性循环互动中，企业的产业竞争力将会得到提升。

12.1.4　万豪与喜达屋的并购"秘密"

在双方股东及欧盟、我国商务部的批准下，万豪国际集团（以下简称"万豪"）与喜达屋酒店集团（以下简称"喜达屋"）完成了总价达 136 亿美元的收购。

喜达屋股东持有的 1 股喜达屋普通股，将转化成 0.8 股万豪普通股以及 21 美元的现金。完成对喜达屋的收购后，万豪成功成为全球范围内规模最大的连锁酒店集团，旗下拥有包括宝格丽、丽思卡尔顿、万丽、瑞吉、艾美等众多知名品牌在内的国际酒店品牌，覆盖全球超过 100 多个国家及地区。

在万豪召开的股东会会议上，持股比例 97% 以上的股东支持此次交易，这在万豪的在外流通股票总量中所占比例超过 79%。在喜达屋召开的股东会会议上，持股比例 95% 以上的股东对此次交易表示支持，这在喜达屋的在外流通股票总量中所占比例超过 65%。股东会的支持，无疑推动了此次并购的进程，这也彰显了两个集团的股东对并购完成后的企业为其带来机遇以及交付长期价值的能力的信任。

如果按照并购双方进行的并购程序进行划分，并购还可以分为善意并购和非善意并购。很明显，万豪与喜达屋的并购属于横向的善意并购。

横向并购能够使二者之间的重复设施得以清除，可以节约资源，降低企业经营成本。同时，横向并购的双方主营业务一致，有利于二者更好地完成产业整合，相关业务团队、高端人才、经营经验等都能够实现共享，助推合并后的企业实现产业优化升级。

而善意并购则可以使并购双方通过友好协商的方式完成诸项并购事宜，有利于合并后的企业得到良性发展。

万豪与喜达屋达成的同行业横向并购，使万豪成为当之无愧的酒店行业巨头，在行业内占据绝对优势地位，拥有巨大的市场空间。对喜达屋及其持股股东来说，这也是他们乐见其成的一次并购。

12.2 如何做好并购调查

在并购过程中，尽职调查的重要性不言而喻，应该受到并购方的重视。并购尽职调查通常发生在并购双方初步达成合作意向并协商一致后，是并购方对被并购方展开的一系列详尽而深入的调查活动。

并购方在开展并购尽职调查时，必须秉持严谨、科学的态度，对被并购方的财务、法律及业务状况进行全面、细致的调查。通过这一过程，并购方可以更加清晰地了解被并购方的实际情况，从而做出更为明智的决策，最大限度地降低并购过程中的潜在风险，确保并购顺利进行。

12.2.1　财务尽职调查：审核财务报表

在财务尽职调查中，财务分析是最关键的一环。因此，并购方在进行财务尽职调查时要重点查看财务报表，对上面记载的数据进行核实。

1. 资产负债表

分析资产负债表的目的是掌握被并购方的真实财务状况，分析被并购方提供的会计信息是否可靠，了解被并购方的资产和权益变动。

并购方在分析资产负债表时，可以通过净资产比率、固定资产净值率、资本化比率等指标判断被并购方财务结构的合理性。因此，被并购方需要提前将这些数据整理出来，以供并购方核实。

2. 现金流量表

现金流就像企业的"血液"，企业要想获得健康、长久的发展，就要保证"血液"循环顺畅。通过现金流量表，并购方可以了解被并购方产生现金流的能力，同时获得被并购方在加强经营管理及合理使用资金等方面的信息。

在财务尽职调查过程中，并购方要核实以下资料。

（1）投资活动和筹资活动产生的现金流。

（2）经营活动产生的现金流及其变动情况。

（3）如果被并购方的现金流量净额持续为负或远低于同期净利润，那么并购方要对其进行专项调查，以了解被并购方的真实盈利能力和持续经营能力。

（4）最近 3 个会计年度的经营活动产生的现金流净额。

3. 损益表

损益表能够证实被并购方所反映的在某一特定会计期间内的经营成果是否真实，为并购方提供有价值的财务信息。并购方应该要求被并购方提供相关明细表，以了解其利润是否真实，以及其有没有按照法定比例提取资本公积和盈余公积。此外，并购方还应该要求被并购方提供销售收入、销售成本、期间费用等财务数据。

总之，一份完整的财务报表可以帮助并购方了解被并购方近年来的财务状况，为并购方提供决策依据，确保并购活动顺利进行。

12.2.2　法律尽职调查：法律红线不能碰

在并购过程中，并购双方拥有的信息很可能不对称。为了避免这一现象，进行法律尽职调查非常有必要。一般来说，法律尽职调查的内容主要包括以下4项。

1. 风险因素

并购方可以通过网站、政府文件、专业报告等渠道了解行业的相关政策以及未来发展方向；与被并购方的员工进行谈话，获得被并购方以往经营业绩发生重大变动的资料，并综合分析可能对其产生不利影响的因素和这些因素可能带来的危害。

2. 重大合同

对被并购方的重大合同的真实性、合法性等进行核查，分析其是否存在风险；了解重大合同的订立是否符合法定程序；评估重大合同履行的风险，分析不能履行、违约可能产生的危害。

3. 诉讼和担保情况

并购方需要对被并购方的所有对外担保，如抵押、保证等进行核查；调查相关人员是否涉及诉讼、仲裁事项，并评价其对被并购方的经营和管理可能产生的危害。

4. 税收情况

税收情况可以在很大程度上体现被并购方是否有潜藏的法律问题。在对税收情况进行调查时，并购方可以从以下几个方面着手。

（1）被并购方是否进行了税务登记。

（2）被并购方进行经营活动的主营地址与申报纳税的地址是否相符。

（3）被并购方设立及变更组织形式时是否代扣代缴自然人股东的个人所得税。

（4）被并购方以未分配利润转增资本的，个人股东是否存在未缴纳个人所得税的情况。

（5）被并购方是否存在纳税延迟、欠缴税款的情况以及补缴巨额税款的风险。

（6）被并购方所享受的高新技术税收优惠待遇是否存在风险。

（7）税务优惠待遇是否存在风险以及享受的税收优惠政策是否会改变。

12.2.3　业务尽职调查：深入了解企业情况

对正在进行并购的企业来说，业务尽职调查是不可或缺的一部分，其结果会对并购决策产生极大影响。通常情况下，业务尽职调查的内容主要包括以下几项。

（1）对于处在研发阶段的产品或服务，最好有一份详细、明确的计划表。并购方还需要了解被并购方是否有正在开发的知识产权，如果有，则要求其务必出具相关证明。如果有条件，并购方可以对被并购方进行实地走访，如参观营业地点或者技术研发实验室，这样可以对被并购方的产品或服务有更明晰和直观的认识。

（2）在对产品或服务有了一定认识之后，并购方还需要了解其对应的市场。例如，了解被并购方正在经营的产品或服务具体属于什么行业；了解国家或者地区对这种行业的态度与扶持政策如何，是鼓励还是限制；了解产品或服务所占的市场规模大小、市场结构以及市场分配情况如何。

（3）了解被并购方的发展潜力和成长空间。这部分调查通常比较复杂：第一，了解产品或服务在市场中的销售情况，并根据相关统计数据，预测产品未来销售情况；第二，了解国家对产品或服务出台的相关政策，以及之后可能会发生的政策变化；第三，根据成本利润率、产值利润率、资金利润率、销售利润率等指标了解被并购方的利润水平，以及利润水平发生变化的原因。

（4）了解被并购方的用户和供应商数量、竞争对手数量与情况、业务范畴。这部分调查可以帮助并购方了解被并购方的盈利能力和发展潜力，以便精准地判断被并购方的行业地位以及是否具有竞争力。并购方可以要求被并购方提供具体的经营数据，以便更科学地了解其不同业务的具体情况，从而对其未来的发展情况进行分析和预测。

12.3 合规化设计：并购必备协议

在并购可行性分析报告审核通过，并购双方就一些重要问题达成一致意见后，就可以准备并签署相关协议，包括并购意向书、保密协议、并购合同等。企业要了解协议框架和其中的要点，保证协议是公平、公正且合规的，避免自己遭受损失。

12.3.1 并购可行性分析报告

对并购方来说，并购有获得规模经济效应、优化资源配置、扩大市场份额等好处。但并购也存在一定的风险，而且不是所有并购标的都适合被并购。因此，在开展并购活动前，并购方要进行可行性分析，形成全面、严谨的可行性分析报告，以评估并购的可行性，降低风险。

在撰写并购可行性分析报告时，并购方应该掌握以下几个要点。

（1）方案合理。并购可行性分析报告的主要作用是对被并购方进行评估。在实际操作时，并购方应该先了解被并购方的背景和相关情况，并以此为基础制定合理的并购方案。

（2）内容真实。并购可行性分析报告的内容务必真实可靠，任何偏差都可能导致决策失误。因此，报告中的数据、文件等信息必须经过反复核实与验证，确保其具有真实性和有效性，为企业的并购决策提供坚实的基础。

（3）预测准确。并购可行性分析报告是对未来可能遇到的问题和结果的预测，因此具有一定的预测性。为了让并购决策更科学，并购方应该进行深入调查，广泛收集资料，运用切合实际的方法准确预测发展趋势。

（4）论证严密。除了预测性，并购可行性分析报告还要有论证性。对此，并购方应采取有效的策略，例如，以影响并购的各种因素为基础，对项目和被并购方进行系统化的分析。

12.3.2　并购意向书

并购意向书是双方当事人通过协商，就各自的意愿达成共识而签订的书面文件，代表并购双方初步的意向，而不是实际的目标和实施战略，与并购合同有很大的差异。

并购合同应该是经过双方协商并达成一致同意的，通常不可以修改。并购意向书虽然是双方协商的产物，但在正式签署之后仍然可以修改（修改之前要征求对方的意见，获得对方的认可）。可见，并购意向书只是双方达成合作的一个初步成果，其作用是为之后的谈判做铺垫。如果谈判发展到相应的阶段，双方的权利和义务以及最终的合作也正式确定下来了，那么并购意向书的使命就完成了。

并购意向书往往建立在商业信誉的基础上，虽然对并购方和被并购方有一定的约束力，但是不具备法律效力。因此，并购意向书只需要把双方已经认可的意见展示出来即可，不必吹毛求疵。当然，如果想要后面的环节完成得更高效，那就尽量把并购意向书写得严谨、全面一些。

12.3.3 保密协议

商业秘密是企业核心竞争力的体现，关乎企业的生存和发展。在并购过程中，为确保双方的利益不受损害，签订保密协议是十分必要的。

在撰写保密协议时，双方应该掌握以下几个核心要点。

（1）在撰写保密协议之前，根据被并购方的业务性质和实际情况分析哪些人员可能会接触到商业秘密，然后将这些人员列入保密主体的范围。另外，还应该确定保密的范围，如技术信息、经营管理资料、特殊约定的其他商业秘密等。

（2）法律对保密协议的期限没有规定。这意味着保密协议可以是长期的，也可以是短期的。因此，被并购方可以在保密协议中约定：从签订保密协议之日起到商业秘密公开之前，并购方不得泄露或私自使用被并购方的商业秘密。

（3）明确各方的义务，如哪一方需要进行信息披露，哪一方需要接收和分析信息。在并购过程中，被并购方会要求并购方不得泄露商业秘密以及正在谈判的内容和细节。其实，并购方也希望被并购方不要披露其身份信息和交易数据。因此，在保密协议中加入明确并购双方义务的条款是有必要的，这能够提升并购双方对彼此的信任度，有助于解决可能出现的纠纷，确保并购顺利完成。

有些商业秘密出于并购需要可能需要公开。为了明确双方的义务和责任，充分保护双方的商业秘密，防止商业秘密被以任何形式泄露出去，双方有必要签订保密协议。此举也为之后双方可能发生的分歧以及潜在的风险提供了法律依据。

12.3.4　并购合同模板

并购合同

本合同由以下双方于_____年_____月_____日签订。

甲方（出让方）：　　　　乙方（受让方）：

全称：　　　　　　　　　全称：

注册地址：　　　　　　　注册地址：

法定代表人：　　　　　　法定代表人：

鉴于：_____

1. 甲方是_____公司（以下简称"目标公司"）的合法股东／资产所有者，持有目标公司的_____%股权／资产。

2. 乙方有意通过并购方式取得目标公司的_____%股权／资产，以扩大其业务范围。

根据《中华人民共和国公司法》等相关法律法规的规定，双方经友好协商，就并购事宜达成如下协议。

第一条　并购标的

1.1 甲方同意将其所持有的目标公司的_____%股权／资产转让给乙方。

1.2 目标公司的基本情况详见本合同附件一。

第二条　并购价款及支付方式

2.1 并购价款总额为人民币_____元。

2.2 支付方式

（1）乙方应在本合同签订后_____日内向甲方支付并购价款的_____%作为定金，即人民币_____元。

（2）在并购交易完成并办理完相关手续后_____日内，乙方应支付剩余的并购价款，即人民币_____元。

第三条　过渡期安排

3.1 自本合同签订之日起至并购交易完成之日止为过渡期。

3.2 在过渡期内，甲方应确保目标公司的正常运营，并且不得有损害乙方利益的行为。

3.3 双方应共同确保目标公司在过渡期内不进行重大资产处置、担保或负债等行为。

第四条　违约责任

4.1 若一方违反本合同的任何条款，应承担违约责任，并赔偿对方因此遭受的损失。

4.2 若因不可抗力因素导致本合同无法履行，双方应协商解决，并免于承担违约责任。

第五条　争议解决

5.1 本合同的解释、履行及争议解决均适用中华人民共和国法律。

5.2 若双方在履行本合同过程中发生争议，应首先通过友好协商解决；协商不成的，任何一方均有权向合同签订地的人民法院提起诉讼。

第六条　其他条款

6.1 本合同一式两份，甲、乙双方各执一份，具有同等法律效力。

6.2 本合同自双方签字（或盖章）之日起生效。

6.3 本合同未尽事宜，可由双方另行协商补充，补充协议与本合同具有同等法律效力。

附件一：目标公司的基本情况

甲方（出让方）：　　　　　　　　　　乙方（受让方）：

法定代表人（或授权代表）：　　　　　法定代表人（或授权代表）：

以上合同仅为模板，在实际使用时，企业应根据自身具体情况进行修改和完善。在签订正式合同前，交易双方可以咨询专业律师或法律顾问，以确保合同的合法性和有效性。此外，并购过程中可能会涉及税务、财务、法律等多个方面的问题，双方应充分考虑并妥善处理。